MÖCHTEN SIE SPANISCH LERNEN?

Dann sind SIE bei uns genau richtig!

Untersuchungen zufolge reicht es aus, nur zu üben 1 stunde am tag für 7 wochen!

Dann erreichen Sie die „magische" grenze von **3000** wörtern!
Legen Sie zunächst ihr ziel fest und notieren Sie,
wann Sie es erreichen möchten!

Viel Glück - Buena Suerte!

MEIN ZIEL IST ES ZU LERNEN:
_____ (WÖRTER)

VON_____BIS:_____(DATUM)

NAME:_____

Hola, ¿quieres aprender español?

Verlag: BoD • Books on Demand GmbH, In de Tarpen 42, 22848 Norderstedt
Druck: Libri Plureos GmbH, Friedensallee 273, 22763 Hamburg

ISBN: 978-91-8057-844-8

„"

Es ist nie zu spät, eine neue sprache zu lernen!

INHALTSVERZEICHNIS

Dieses buch entstand aus meiner eigenen suche nach einem buch zum Spanischlernen. Als ich ein solches buch nicht finden konnte, kam mir die idee, es zu erstellen. Alles in allem ist es jetzt für alle verfügbar, die auf einfache und unterhaltsame weise spanisch lernen möchten!

Während ich dieses buch schrieb, habe ich spanisch gelernt und möchte nun erzählen, wie! Das buch konzentriert sich auf die grundlegendsten aspekte der spanischen sprache und lädt sie zum erlernen durch verschiedene Übungen ein.

Ich habe das buch für diejenigen erstellt, die daran interessiert sind, auf einfache weise spanisch zu lernen. Daher ist es auch ein mix aus verschiedenen Inspirationsquellen wie Podcasts, Blogs und Filmen. Hier teile ich verschiedene Tipps und Tricks, die mir geholfen haben, spanisch zu lernen!

Möchten Sie auch spanisch lernen? Dann sind Sie bei uns genau richtig!

Das buch ist in 12 kapitel unterteilt und enthält alles, von der vorstellung über das stellen von fragen bis hin zum bestellen von essen in einem restaurant. Außerdem erfahren Sie, wie die verschiedenen wochentage heißen und wie man sie zählt. Zu jedem kapitel gibt es auch Übungen, die Ihr sprachenlernen stärken können.

Viel Glück! - Buena Suerte!

VORWORT - 2 -

Es gibt fast 7.000 sprachen auf der welt, von denen die spanische sprache die zweitgrößte ist und von etwa 470 Millionen Menschen in 30 ländern gesprochen wird. Bis zu 90 % aller Spanischsprecher werden von menschen aus Süd- und Nordamerika gesprochen. Das bevölkerungsreichste spanischsprachige Land ist Mexiko und in Europa, Spanien. Darüber hinaus wird Spanisch von 15 % der US-Bevölkerung gesprochen.

Die spanische sprache wurde hauptsächlich vom Englischen, aber auch vom arabischen beeinflusst, da die araber das land viele jahre lang dominierten. Sie können es am einfachsten an wörtern erkennen, die mit „al" beginnen, beispielsweise an den wörtern „almohada" (Kissen) und alfombra (Teppich). Sogar in einigen kleidungsstücken kann man die arabische sprache erkennen, etwa in den wörtern „pantalones" (Hose) und „la camisa" (Hemd).

Spanisch ist neben der japanischen sprache die schnellste sprache, was man deutlich merkt, wenn man miteinander redet.

Spanien hat etwa 47 Millionen einwohner und die hauptstadt ist Madrid. Der 12. Oktober ist Spaniens Nationalfeiertag, der im gedenken an die Landung von Christoph Kolumbus in Amerika am 12. Oktober 1492 gefeiert wird. Der tag wird oft mit festen und paraden auf den straßen gefeiert und ist ein roter tag, an dem die meisten geschäfte geschlossen sind.

Spanien ist mit über 80 Millionen touristen pro jahr eines der beliebtesten reiseziele der welt. Vielleicht kennen Sie spanische berühmtheiten wie: Gaudi der berühmte architekt, der die Sagrada Familia in Barcelona schuf, Picasso, Dali und Goya (einige der berühmtesten Künstler) und nicht zuletzt Cervantes (ein spanischer Schriftsteller, der für seine Werke bekannt ist) werk „Don Quijote".

Typisch spanisches essen sind Paella und Tapas. Paella ist vielleicht das berühmteste spanische gericht, das im laufe der jahre unzählige Variationen hervorgebracht hat. Der Reiseintopf stammt aus Valencia, wo er traditionell beispielsweise mit hühnchen, schalentieren oder schnecken zubereitet wird.

Das zweite gericht sind Tapas, die aus verschiedenen kleinen gerichten bestehen. Zu einem typischen Tapas-Menü gehören brot, schinken, käse, oliven und würstchen. Die wurst sollte vorzugsweise eine würzigere sorte wie chorizo sein. Ansonsten können Tapas aus verschiedenen varianten bestehen. Die Gerichte selbst können je nach aufenthaltsort in Spanien variieren und können je nach jahreszeit angepasst werden.

Das bekannteste getränk ist die spanische wein Sangria. Die basis bilden rotwein, obst, zimt und etwas süßes, prickelndes getränk. Der name kommt vom spanischen wort sangre, was blut bedeutet, aber Sie können Sangria sowohl in rot, weiß als auch rosé zubereiten.

Es gibt auch einen ganz besonderen tanz- und musikstil namens Flamenco, der sehr typisch für die spanische kultur ist.

Die größte religion in Spanien sind Katholiken, da sich zwei drittel der bevölkerung als Katholiken bezeichnen.

Nicht zuletzt ist Siestan darin eine institution Spanische kultur, das heißt, normalerweise ein „Nickerchen" dazwischen 14-17, wenn die meisten leute eine pause machen.

LESEANWEISUNGEN - 1 -

Spanisch gilt als eine der absolut einfachsten sprachen für alle, die germanische oder romanische sprachen als muttersprache oder als zweitsprache sprechen. Wenn Sie auch englisch sprechen, werden Sie viele ähnlichkeiten in bezug auf die wörter im spanischen feststellen. Wie wäre es mit wörtern wie „intelligent und interessant"? Außerdem werden die wörter normalerweise so geschrieben, wie sie gesagt werden!

3 Tipps zum Erlernen einer neuen sprache:

1. Ein tipp könnte sein, beispielsweise einkaufslisten oder notizen im kalender in der sprache zu verfassen

2. Üben Sie regelmäßig, indem Sie die sprache in ihren alltag integrieren, indem Sie beispielsweise 5-10 mal am tag auf die uhr schauen und sich die zeit laut auf spanisch sagen.

3. Nutzen Sie mehrere sinne, z. B. beim ansehen von filmen und beim hören von musik. Umgeben Sie sich mit der spanischen sprache und zum schluss noch ein Bonustipp: Üben, üben, üben ...

Das erlernen einer neuen sprache ist eine gute möglichkeit, das gedächtnis zu trainieren und aufmerksam zu bleiben. Darüber hinaus erhalten Sie einen besseren service, wenn Sie spanisch sprechen, da nicht jeder englisch sprechen kann. Ein weiterer vorteil besteht darin, dass Sie durch die direkte kommunikation auf eine andere art und weise an der spanischen kultur teilhaben können! Schließlich werden Sie besser behandelt, wenn Sie zeigen, dass Sie so interessiert sind, dass Sie die sprache überhaupt gelernt haben.

Sie müssen nicht jedes wort einer sprache kennen, um mit anderen kommunizieren zu können. Wenn Sie bei null anfangen, besteht der erste schritt darin, darüber nachzudenken, welche phrasen Sie in verschiedenen kontexten am häufigsten verwenden. Dabei kann es sich zum beispiel um sätze handeln, die eine Diskussion anstoßen, sich vorstellen oder in einem restaurant essen bestellen. Sie können viel energie und zeit sparen, wenn Sie sich bereits auf das erlernen solcher sätze konzentrieren von anfang an.

LESEANWEISUNGEN - 2 -

Untersuchungen zufolge gibt es eine „magische grenze" für die anzahl der wörter, die zum erlernen einer sprache erforderlich sind. Diese grenze liegt bei **3000** wörtern. Wenn Sie wissen möchten, wie Sie diese magische grenze in nur **7** wochen (1 Stunde/Tag) erreichen können, lesen Sie weiter unten, andernfalls überspringen Sie es und beginnen Sie sofort mit dem lernen! Es ist deine entscheidung.

Die 7-Schritte-Methode:

1. Legen Sie zunächst fest, welches ziel Sie oder ihr kind beim erlernen der sprache verfolgen möchten und wie viel zeit Sie dafür einplanen möchten und können.

2. Lesen Sie die neuen wörter laut vor und hören Sie sie sich an, dann werden Sie sie sich besser merken.

3. Üben und lernen Sie auf diese weise genau **7** wörter, da **7** laut forschung die beste zahl für effektives lernen ist.

4. Wiederholen Sie diese **7** wörter dann ein- oder zweimal. Das Erlernen dauert etwa **3** minuten. Sie können so viele blöcke zu je **7** wörtern hintereinander lernen, wie Sie möchten.

5. Wiederholen Sie die wörter an **5** festgelegten tagen und nach einer festgelegten pause von **1, 2, 4, 8** und **16** tagen.

6. Schreiben Sie die wörter auf, um das gelernte weiter zu vertiefen.

7. Umgeben Sie sich schließlich in umgebungen, in denen die sprache gesprochen wird, oder schauen Sie sich filme an.

Die von mir oben beschriebene methode wurde bereits im 19. Jahrhundert von entwickelt der Psychologe Herrmann Ebbinghaus.

LESEANWEISUNGEN - 3 -

Das buch enthält verschiedene beispiele und übungen, die ihnen beim erlernen der spanischen Sprache helfen, damit Sie die grundkenntnisse sprechen und verstehen können.

Nachfolgend finden Sie einige beispiele für bestimmte buchstaben und wörter in der spanischen sprache und deren aussprache.

Weitere beispiele und übungen finden Sie in jedem kapitel. Die antworten zu den übungen finden Sie im selben kapitel!

Viel Glück! Buena Suerte!

Beispiel:	Ausgesprochen als:	Bedeutung:
Hola	"Å´lla" da „H" nur in der Schreibweise enthalten ist und nicht gehört werden sollte.	Hallo
Niña	"Ninja " dann wird ñ mit einer Welle darauf zu „nj"	Mädchen
Cuchillo	"Cuchijo" wenn doppeltes „ll" wie „j" klingt	Messer
Y	Wenn „y" wie „i" in „ihr" klingt	Und
Vale	Wenn "V" klingt wie „baale"	Okay
Ojos	Wenn das „j" in „ojos" wie in kuchen klingt als "ochos"	Augen

KAPITEL 1 : ZAHLEN - NÚMEROS

SEITE: 13 - 18

Auf den folgenden seiten erfahren Sie, wie man es sagt
ZIFFERN und ZAHLEN.

Das kapitel beginnt mit dem erlernen von namen und zahlen
sowie beispielen für deren verwendung.

Danach gibt es einige Übungen, die Sie selbst ausfüllen können
zum
ÜBEN und LERNEN.

Abschließend endet das kapitel mit einer box mit
TIPPS & TRICKS!

<u>Nach diesem kapitel können Sie:</u>

1 - Zählen

 2 – Sagen oder fragen sie nach dem alter

3 - Verschiedene zahlen und nummern

KAPITEL 1: ZAHLEN - NÚMEROS

Null	0	Cero	_ _ _ _ _ _
Ein	1	Uno	_ _ _ _ _ _
Zwei	2	Dos	_ _ _ _ _ _
Drei	3	Tres	_ _ _ _ _ _
Vier	4	Cuatro	_ _ _ _ _ _
Fünf	5	Cinco	_ _ _ _ _ _
Sechs	6	Seis	_ _ _ _ _ _
Sieben	7	Siete	_ _ _ _ _ _
Acht	8	Ocho	_ _ _ _ _ _
Neun	9	Nueve	_ _ _ _ _ _
Zehn	10	Diez	_ _ _ _ _ _
Elf	11	Once	_ _ _ _ _ _
Zwölf	12	Doce	_ _ _ _ _ _
Dreizehn	13	Trece	_ _ _ _ _ _
Vierzehn	14	Catorce	_ _ _ _ _ _
Fünfzehn	15	Quince	_ _ _ _ _ _
Sechzehn	16	Dieciséis	_ _ _ _ _ _
Siebzehn	17	Diecisiete	_ _ _ _ _ _
Achtzehn	18	Dieciocho	_ _ _ _ _ _
Neunzehn	19	Diecinueve	_ _ _ _ _ _
Zwanzig	20	Veinte	_ _ _ _ _ _
Dreißig	30	Treinta	_ _ _ _ _ _
Vierzig	40	Cuarenta	_ _ _ _ _ _
Fünfzig	50	Cincuenta	_ _ _ _ _ _
Sechzig	60	Sesenta	_ _ _ _ _ _
Siebzig	70	Setenta	_ _ _ _ _ _
Achtzig	80	Ochenta	_ _ _ _ _ _
Neunzig	90	Noventa	_ _ _ _ _ _
Hundert	100	Ciento	_ _ _ _ _ _

KAPITEL 1: ZAHLEN - NÚMEROS

Einhundert	100	Cien
Zweihundert	200	Doscientos
Dreihundert	300	Trescientos
Vierhundert	400	Cuatrocientos
Fünfhundert	500	Quinientos
Sechshundert	600	Seiscientos
Siebenhundert	700	Setecientos
Acht hundert	800	Ochocientos
Neun hundert	900	Novecientos
Eintausend	1000	Mil
Zweitausend	2000	Dos mil
Dreitausend	3000	Tres mil
Vier tausend	4000	Cuatro mil
Fünftausend	5000	Cinco mil
Sechstausend	6000	Seis mil
Siebentausend	7000	Siete mil
Achttausend	8000	Ocho mil
Neuntausend	9000	Nueve mil
Einhunderttausend	10000	Cien mil
Eine Million	1000000	Un millón
Eine Milliarde	1 000 000 000	Mil millones

Erste	Primero	-Hallo, wie alt bist du?
Andere	Otro	¿Hola cuántos años tienes?
Dritte	Tercero	- Ich bin fünfzig Jahre alt.
Vierte	Cuatro	¿Tengo cincuenta años.
Fünfte	Quinto	-Ich bin in der dritten Klasse
Sechste	Sexto	-Estoy en tercer grado
Siebte	Séptimo	-Ich wohne im fünften stock
Achte	Octavo	-Vivo en el quinto piso
Neunte	Noveno	-Viel Glück!
		-¡Buena suerte!

KAPITEL 1: ZAHLEN - NÚMEROS

- Wie alt bist du?	- ¿Cuántos años tiene?
- Ich bin 10 Jahre alt.	- Tengo diez años.
- Wie alt bist du?	- ¿Cuántos años tiene?
- Ich bin 30 Jahre alt.	- Tengo treinta años.
- Wie alt ist deine Mutter?	- ¿Cuantos años tiene tu madre?
- Meine Mutter ist sechzig Jahre alt.	- Mi madre tiene sesenta años.
- Wie alt ist dein Vater?	- ¿Qué edad tiene tu padre?
- Mein Vater ist achtzig Jahre alt.	- Mi padre tiene ochenta años.
- Auf welcher Etage wohnen Sie?	- ¿En qué piso vives?
- Im dritten Stock.	- En el tercer piso.
- Und du?	- ¿Y tú?
- Ich wohne im ersten Stock.	- Yo vivo en el primer piso.

Ergänzen Sie die fehlenden Wörter auf Spanisch;

¿Cuántos _____(jahre) tiene?

Tengo _____(30) años.

_____ _____ (12) años.

_____ _____ (60) años.

Mi madre _____(50) _____ años.

Mi abuela (oma) _____ (80) _____ años.

Yo _____ en ____ _____ (3) piso.

KAPITEL 1: ZAHLEN - NÚMEROS

Ordnen Sie die zahlen dem namen auf spanisch zu:

100	Uno
2	Mil
10	Seiscientos
1000 000	Cincuenta
80	Cien
1	Diez
50	Quinientos
600	Dos
1000	Un millón
500	Ochenta

<u>Drucken Sie die zahlen auf spanisch aus:</u>

1 _____	6 _____	11_____	16_____
2 _____	7 _____	12 _____	17 _____
3 _____	8 _____	13 _____	18 _____
4 _____	9 _____	14 _____	19 _____
5 _____	10 _____	15 _____	20 _____

30_____	80_____	400_____	900_____
40 _____	90 _____	500 _____	1000 _____
50 _____	100 _____	600 _____	1 000 000
60 _____	200 _____	700 _____	_____
70 _____	300 _____	800 _____	1000000000

TIPS & TRICKS KAPITEL 1: ZAHLEN

Lesen Sie den dialog und geben Sie die Informationen auf spanisch ein!

-Hallo, wie heißt du und wie alt bist du?	- Hola, ¿cómo te llamas y cuántos años tienes?
- Hallo, mein Name ist Maria und ich bin 15 Jahre.	- Hola, mi nombre es María y soy quince años.
- In welcher Klasse bist du?	- ¿En que grado estás?
- Ich bin in der achten Klasse.	- Estoy en octavo grado.
- Hallo, mein Name ist _____ _____und ich bin____ Jahre alt	- Hola, mi nombre es _____ y tengo _____ años
- In welcher Klasse bist du?	- ¿En que grado estás?
-Ich bin in_____	- Voy a _____

1.Auf spanisch werden zahlen auf ähnliche weise gesagt wie in die spanischen sprache, aber Sie fügen „y" (und) zwischen den zehnern und den aingularen hinzu.

2. Der zweite tipp ist, dass es einfach wird, wenn man die ersten zehn zahlen kennt. Danach sagt man zunächst die zehner und dann die singulare mit wenigen ausnahmen, wie zum beispiel:
"sechzehn " heißt „diez y seis", also „zehn und sechs".

3. Der dritte tipp besteht darin, jede zahl mindestens dreimal aufzuschreiben, nachdem Sie sie zehnmal gelesen und laut ausgesprochen haben. Dann bleibt es im gedächtnis hängen.

KAPITEL 2 : ZEIT - TIEMPO

SEITE: 19 - 25

Auf den folgenden seiten erfahren Sie, wie man es sagt
DATUM, TAGE UND ZEIT.

Das kapitel beginnt damit, dass Sie lernen, wie die tage
heißen und wie man verschiedene zeiten sagt, sowie
beispiele für deren verwendung.

Dann gibt es einige Übungen, die Sie zum
ÜBEN und LERNEN
selbst ausfüllen können.

Abschließend endet das kapitel mit einer seite
ÜBER DIE ZEIT!

Nach diesem kapitel können Sie:

1 - Datum und wie es gesagt wird

 2 - Die namen der sieben tage

3 – Zeit und andere verwandte dinge!

KAPITEL 2: ZEIT - TIEMPO

Montag	Lunes
Dienstag	Martes
Mittwoch	Miércoles
Donnerstag	Jueves
Freitag	Viernes
Samstag	Sábado
Sonntag	Domingo
Heute	Hoy
Gestern	Ayer
Morgen	Mañana
Abend/Nacht/heute Abend	Noche/ Esta noche
Nachmittag	Tarde
Den ganzen Tag	Todo el dia
Stets	Siempre
Niemals	Nunca
Vor langer Zeit	Hace mucho tiempo

Eine Stunde	Una hora	Früh	Temprano
Eine Minute	Un minuto	Morgen	Mañana
Eine Sekunde	Un segundo	Nachmittag	Tarde
Eine Uhr	Un reloj	Abend/nacht	Noche
Einmal	Un día	Wochenende	Fin de semana

Dieses Jahr	Este año	Ein monat	Un mes
Nächstes Jahr	El próximo año	Eine woche	Una semana
Letztes Jahr	El año pasado	Ein jahr	Un año
Die Zukunft	El futuro	Freizeit	Tiempo libre

KAPITEL 2: ZEIT - TIEMPO

Ordnen Sie den tagen die richtigen namen auf spanisch zu.

Montag	**Un día**
Dienstag	**Sábado**
Mittwoch	**Ayer**
Donnerstag	**Domingo**
Freitag	**Hoy**
Samstag	**Martes**
Sonntag	**Viernes**
Heute	**Jueves**
Gestern	**Miércoles**
Morgen	**Mañana**
Einmal	**Lunes**

Ins Spanische übersetzen:

1 Montag _____

2 Dienstag _____

3 Mittwoch _____

4 Donnerstag _____

5 Freitag _____

6 Samstag _____

7 Sonntag _____

8 Nächstes Jahr _____

9 Letztes Jahr _____

Ins Spanische übersetzen:

Heute _____

Gestern _____

Morgen _____

Einmal _____

Eine woche _____

Ein monat _____

Ein jahr _____

Freizeit _____

Zukunft _____

KAPITEL 2: ZEIT - TIEMPO

Ein Uhr	La una en punto
Zwei Uhr	Dos en punto
Drei Uhr	Tres en punto
Vier Uhr	Cuatro en punto
Fünf Uhr	Cinco en punto
Sechs Uhr	Seis en punto
Sieben Uhr	Las siete en punto
Acht Uhr	A las ocho en punto
Neun Uhr	Nueve
Zehn Uhr	Diez
Elf Uhr	Once en punto
Zwölf Uhr	Doce

Zehn Minuten	Diez minutos
Zwanzig Minuten	Veinte minutos
Dreißig Minuten	Treinta minutos
Ein halbe Stunde	Media hora
Fünf Minuten in...	Cinco minutos en...
Noch fünf Minuten...	Faltan cinco minutos...
Viertel vor ...	Menos cuarto ...
Viertel nach ...	Cuarto pasado ...
Es ist halb Vier	Son las tres y media
Acht Uhr abends	Las ocho de la tarde
Sieben Uhr am Morgen	Las siete de la mañana

KAPITEL 2: ZEIT - TIEMPO

Hallo, um wie viel uhr kommst du?	Hola, ¿a qué hora vienes?
Halb sieben.	Seis y media.
Welcher tag ist morgen?	¿Qué día es mañana?
Morgen ist sonntag.	Mañana es domingo.
Welchem tag beginnt die woche?	¿Con qué día empieza la semana?
Die woche beginnt mit montag.	La semana comienza el lunes.
Wann gehst du nach hause?	¿Cuando te vas a casa?
Am mittwoch.	El miércoles.
Sie bleiben nicht über nacht?	¿No pasar la noche?
Nein, ich arbeite früh.	No, trabajo temprano en la mañana
Wann kommt der Bus?	¿Cuándo llega el autobús?
Der Bus kommt um halb elf	El autobús llega a las nueve y media.
Schöne reise!	Buen viaje!
Wie spät ist es?	¿Qué hora es?
Es ist halb eins.	Son las doce y media.
Es ist zehn minuten vor fünf.	Son las cinco menos diez.
Nächste woche.	La próxima scmana.
Wann kommt der sommer?	¿Cuándo llegará el verano?
Es bleibt nur noch ein monat.	Sólo queda un mes.
Nächstes jahr.	El próximo año.
Im vergangenen monat.	El mes pasado.
Wieviele tage sind in einer woche?	Cuantos dias hay en una semana?
Eine woche besteht aus 7 tagen.	Una semana son siete dias.

TIPPS & TRICKS KAPITEL 2: ZEIT

Lesen Sie den dialog und ergänzen Sie die fehlenden wörter

-Hallo, um wie viel uhr kommst du hierher?	- Hola, ___ que _____ vienes?
- Acht uhr morgens.	- A las _____ de la _____.
- Wann gehst du nach hause?	- ¿Cuándo ___ ____ a _____?
- Neun uhr abends.	- A_____ _____ de la _____.
- Bleibst du nicht über nacht?	- ¿No _____ la _____?
- Nein, ich arbeite früh morgens.	No, trabajo _____ en la mañana.
Morgen ist wochenende!	_____ es ____ de _____!
Ich arbeite die ganze zeit!	Trabajo todo el _____.
Schöne reise!	Buen _____

- Auf Spanisch sagt man nicht „die Uhr ist ...", sondern „son las ...." (es ist...), außer wenn es ein Uhr ist und dann wird es zu „Es la una".

- Der zweite tipp ist, „cuarto" zu sagen, genau wie im schwedischen „kvart", wie zum Beispiel „viertel nach acht", wenn man „son las ocho y cuarto" sagt. Ein anderes Beispiel ist, wenn Sie „Viertel vor zehn" sagen. Dann heißt es „Son las diez menos cuarto".

- Der dritte tipp ist, wann man „halb zwei" (13:30 Uhr) sagt. Sie sagen „Es la una media".

KAPITEL 2: ZEIT - TIEMPO

Geben Sie die zahlen rund um die uhr an der richtigen stelle ein, indem Sie sowohl zahlen als auch verwenden antworte auf spanisch!

1 Auf welche zahl zeigt der große zeiger? _____

2 Auf welche zahl zeigt der kleine zeiger? _____

3 Welche zahl kommt dem sekundenzeiger (dem dünnen zeiger) am nächsten?

_____

4 Wie spät ist die uhr auf dem bild?

_____

KAPITEL 3 : FARBEN - COLORES

SEITE: 26 - 31

Auf den folgenden seiten erfahren Sie, wie man es sagt
FARBEN auf spanisch.

Das kapitel beginnt mit dem erlernen der namen der farben
und beispielen für deren verwendung.

Danach gibt es einige Übungen, die Sie selbst ausfüllen können
zum
ÜBEN UND LERNEN!

Abschließend endet das kapitel mit einer box mit
TIPPS & TRICKS!

Nach diesem kapitel können Sie:

1 – Wie die verschiedenen farben heißen

2 - Beispiele, wie sie gesagt werden

3 – Sagen Sie die verschiedenen farben richtig

KAPITEL 3: FARBEN - COLORES

Weiß		Blanco
Schwarz		Negro
Rot		Rojo
Blau		Azul
Braun		Marrón
Rosa		Rosa
Lila		Púrpura
Orange		Naranja
Grau		Gris
Gelb		Amarillo
Grün		Verde
Gold		Oro
Silber		Plata

KAPITEL 3: FARBEN - COLORES

Passen Sie die richtige farbe
und den richtigen text an!

Schwarz	■	Azul
Rot	■	Gris
Blau	■	Amarillo
Braun	■	Rojo
Rosa	■	Naranja
Lila		Negro
Orange	■	Blanco
Grau	■	**Oro**
Gelb	■	**Plata**
Grün	■	**Marron**
Gold	■	**Verde**
Silber	■	Purpura

KAPITEL 3: FARBEN - COLORES

Schreiben Sie die farbe
auf spanisch:

1. Weiß

2. Schwarz

3. Rot

4. Blau

5. Braun

6. Rosa

7. Lila

8. Orange

9. Grau

10. Gelb

11. Grün

12. Gold

13. Silber

1 _____

2. _____

3. _____

4. _____

5. _____

6. _____

7. _____

8. _____

9. _____

10. _____

11. _____

12. _____

13. _____

KAPITEL 3: FARBEN - COLORES

-Ein roter apfel.	-Una manzana roja.
-Welche farbe magst du?	-Que color te gusta?
-Ich mag schwarz.	-Me gusta el negro.
-Welche augenfarbe hast du?	-Qué color de ojos tienes?
-Meine augen sind blau und dein?	-Mis ojos son azules y tuyo?
-Meine sind braun.	-Los míos son marrones.
-Ich mag grün.	-Me gusta el verde.
-Was ist deine haarfarbe?	-Cual es tu color de cabello?
-Ich habe blonde haare.	-Tengo cabello rubio.
-Was für klamotten hast du?	-Qué tipo de ropa tienes?
-Ich habe weiße hosen.	-Tengo pantalones blancos.
-Ich habe eine lila bluse.	-Tengo una blusa morada.
-Hast du ein rotes hemd?	-Tienes una camisa roja?
-Ja, ich habe zwei rote.	-Sí, tengo dos rojas.
-Kann ich mir eines ausleihen?	-Puedo prestarme uno?
-Ja natürlich!	-Sí, claro!
-Danke!	-Gracias!
-Gern geschehen!	-De nada!

TIPS & TRICKS KAPITEL 3: FARBEN

Zwei rote Äpfel	____ manzanas _____
Das gras ist grün	El pasto es _____
Der Himmel ist blau	El cielo es _____
Welche farbe magst du?	¿Que _____ te gusta?
Ich mag rosa.	Me gusta el _____
Welche augenfarbe hast du?	¿Qué _____ de ojos tienes?
Meine augen sind schwarz.	Mis ojos son de color _____
Meine augen sind grün.	- ____ojos son de color _____
Was ist deine haarfarbe?	¿Cual es tu _____ de cabello?
Mein haar ist schwarz.	¿Mi _____ de cabello es _____

1. Wie man die namen der farben ausspricht, kann davon abhängen, ob es sich um eine/eine oder mehrere handelt: Ein roter apfel heißt „una manzana roja" (eins/eins endet normalerweise auf o), während mehrere rote Äpfel „manzanas rojas" genannt werden.

2. Zu bedenken ist auch, dass die farbe im spanischen nach dem ding stehen kann, wie z.B. „Ich habe ein rotes kleid" wird auf spanisch zu „tengo un vestido rojo", d. h. „Ich habe ein rotes kleid"

3. Schließlich kann es von bedeutung sein, ob es in weiblicher (f) oder männlicher (m) Form vorliegt, wenn die farben auf und enden, wie im folgenden beispiel:
„Un coche amarillo" – (ein gelbes auto) und una casa amarilla – (ein gelbes haus) Es gibt nur schwarze hosen = solo hay pantalones negros" (m), während er sagt: „Der rock ist schwarz" = „"la falda es negra" (f).

SEITE: 32 - 40

Auf den folgenden seiten geht es um den
MENSCHLICHEN KÖRPER und das GESICHT

Das kapitel beginnt mit dem erlernen der verschiedenen teile
und beispiele.

Dann gibt es einige Übungen, die Sie zum
ÜBEN und LERNEN selbst ausfüllen können.

Abschließend endet das kapitel mit der suche nach wörtern
untereinander
viele buchstaben zum Üben des gedächtnisses.

Nach diesem kapitel können Sie:

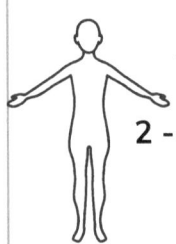

_1 - Wie die verschiedenen körperteile heißen

2 - Wie die verschiedenen teile des gesichts heißen

KAPITEL 4: DER KÖRPER - EL CUERPO

1. Kopf	1. Cabeza	1. _____
2. Gehirn	2. Cerebro	2. _____
3. Nacken	3. Garganta	3. _____
4. Arm/Arme	4. Brazo/brazos	4. _____
5. Brust	5. Mama	5. _____
6. Magen	6. Estómago	6. _____
7. Hand/Hände	7. Mano/manos	7. _____
8. Finger/Finger	8. Dedo/dedos	8. _____
9. Nagel/Nägel	9. Clavo/uñas	9. _____
10. Knie/Knie	10. Rodilla/rodillas	10. _____
11. Bein/Fuß	11. Pie/pierna	11. _____
12. Schwanz (Hintern)	12. Cola (culo)	12. _____
13. Nabelschnur	13. Umbilical	13. _____
14. Taille	14. Cintura	14. _____
15. Zurück	15. Atrás	15. _____
16. Herz	16. Corazon	16. _____
17. Schulter	17. Hombro	17. _____
18. Blut	18. Sangre	18. _____

KAPITEL 4: DER KÖRPER - EL CUERPO

1. Womit isst du?	1. Con qué comes?
2. Mit meinem Mund.	2. Con mi boca.
3. Womit kauen Sie?	3. Con qué masticas?
4. Mit meinen Zähnen	4. Con mis dientes
5. Womit sind Sie einverstanden?	5. Qué escuchas?
6. Mit meinen Ohren.	6. Con mis orejas.
7. Womit siehst du?	7. Con qué ves?
8. Mit meinen Augen.	8. Con mis ojos.
9. Womit nimmst du Dinge mit?	9. Con qué llevas las cosas?
10. Mit meinen Händen.	10. Con mis manos.
11. Was riechst du?	11. Qué hueles?
12. Mit meiner Nase.	12. Con mi nariz.
13. Womit gehst du?	13. Con qué vas?
14. Mit meinen Füßen.	14. Con mis pies.
15. Kannst du mich sehen?	15. Puedes verme?
16. Ja ich kann dich sehen.	16. Si puedo verte.
17. Können Sie mich hören?	17. Puedes oírme?
18. Ja ich kann dich hören.	18. Si puedo oirte.
19. Geschmack/Geschmack	19. Gusto/sabor
20. Geruch/es riecht	20. Huele/ huele
21. Vision/sehen	21. Visión/ver
22. Suchen	22. Mirar
23. Hören	23. Escuchar
24. Fühlen	24. Sentir
25. Taub	25. Sordo
26. Blind	26. Ciego
27. Es ist gut.	27. Es bueno.
28. Das ist zu salzig.	28. Está demasiado salado
29. Es ist niedlich.	29. Es lindo.
30. Es ist sauer.	30. Es agrio.

KAPITEL 4: KOPF - CABEZA

1. Haar	1. Pelo/Cabello	1. _____
2. Stirn	2. Frente	2. _____
3. Auge/Augen	3. Ojo/ojos	3. _____
4. Augenbraue	4. Ceja	4. _____
5. Wimpern	5. Pestañas	5. _____
6. Ohr/Ohren	6. Oreja/orejas	6. _____
7. Nase	7. Nariz	7. _____
8. Mund	8. Boca	8. _____
9. Lippen	9. Labios	9. _____
10. Zunge	10. Lengua	10. _____
11. Zahn Zähne	11. Diente/ dientes	11. _____
12. Haken	12. Gancho	12. _____
13. Haut	13. Piel	13. _____
14. Gesicht	14. Rostro	14. _____
15. Wange	15. Mejilla	15. _____
16. Pony	16. Golpes	16. _____

KAPITEL 4: Kopf - Cabeza

Schreiben Sie die verschiedenen teile in die kästchen auf spanisch!

2

1

10

3

9

4

8

7

5

6

1 Kopf   2 Haar   3 Augen   4 Ohre   5 Haken
6 Mund   7 Nase 8 Wange   9 Augenbraue 10 Stirn

Körperteile

Namen verschiedener körperteile

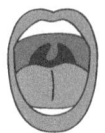

Lippen-
Labios

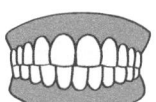

Zähne-
Dientes

Mund- Boca

Augenbraue
- Ceja

Augen -
Ojos

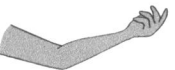

Hand-
Mano

Nase -
Nariz

Nacken
- Garganta

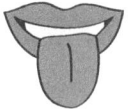

Zunge-
Lengua

Ohr-
Oreja

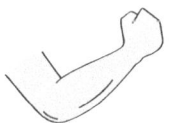

Arm-
Brazo

Finger-
Dedos

Haar -
Pelo/cabello

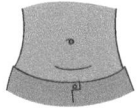

Magen -
Estómago

Fuß-
Pie

Körperteile

Schreiben Sie die namen der verschiedenen körperteile auf spanisch!

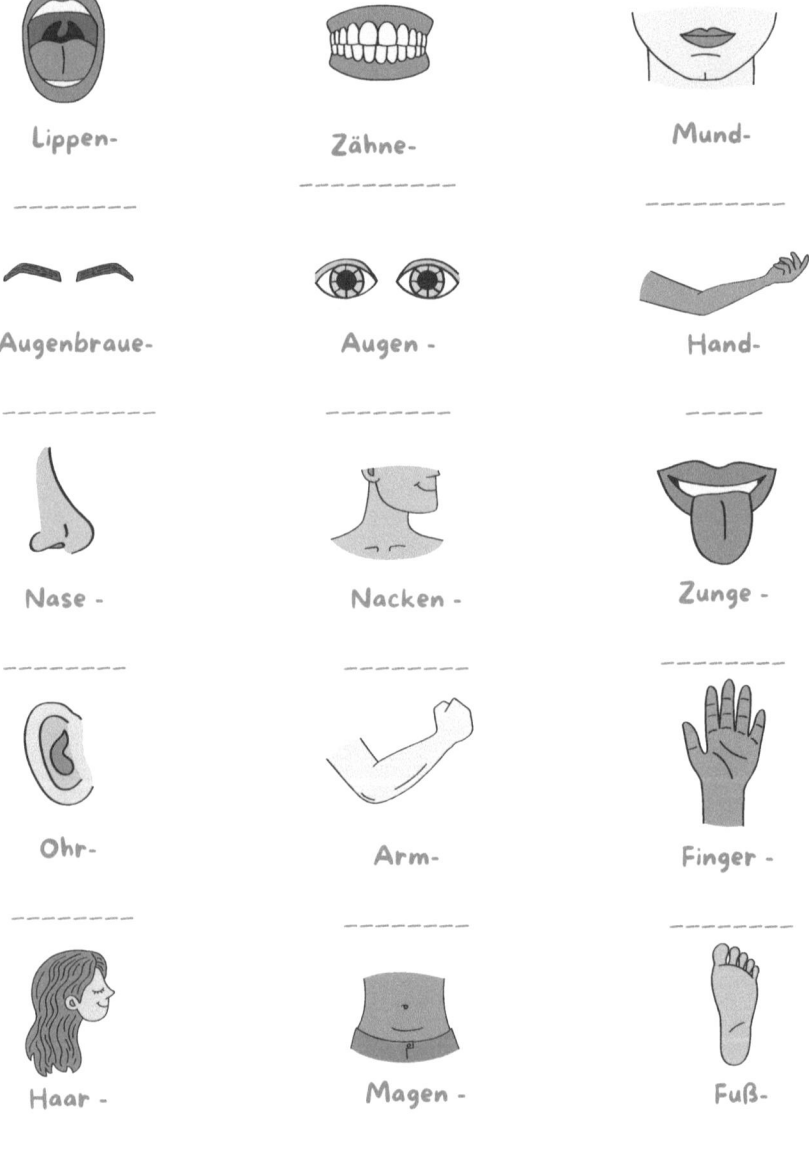

Lippen-

_____

Zähne-

_____

Mund-

_____

Augenbraue-

_____

Augen -

_____

Hand-

_____

Nase -

_____

Nacken -

_____

Zunge -

_____

Ohr-

_____

Arm-

_____

Finger -

_____

Haar -

_____

Magen -

_____

Fuß-

_____

Körperteile

Zeichnen Sie Linien zwischen bild und text, damit es richtig ist!

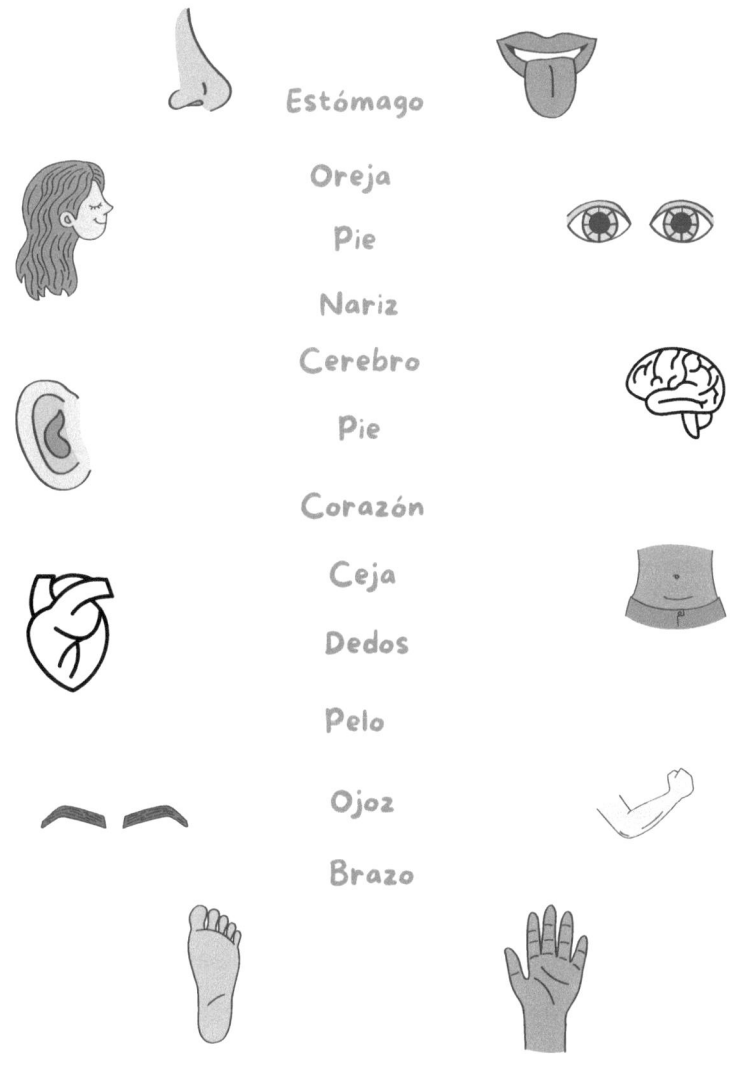

Estómago

Oreja

Pie

Nariz

Cerebro

Pie

Corazón

Ceja

Dedos

Pelo

Ojoz

Brazo

DER KÖRPER

Finden Sie das wort auf spanisch!

A	B	O	C	A	N	H	I	R	O	W
L	E	N	G	U	A	N	I	A	R	B
L	S	N	G	U	A	D	D	N	E	S
G	T	W	G	T	O	L	O	S	J	N
M	O	H	H	U	L	N	N	G	U	A
S	M	E	I	D	O	V	A	A	S	P
A	A	D	N	Z	J	O	R	R	L	E
L	G	S	A	P	O	O	I	I	L	L
T	O	R	S	A	S	W	Z	Z	E	O
E	O	R	G	M	A	N	O	O	B	R
C	O	R	E	J	A	U	S	P	I	E

Anweisungen:
Finden Sie die 10 entsprechenden Wörter auf Spanisch!
Herz, Nase, Hand, Augen, Mund, Zunge, Haare, Fuß, Ohr, Magen
Viel Glück!

# KAPITEL 5 : KLEIDUNG - ROPA

SEITE: 41-46

Auf den folgenden seiten geht es darum
KLEIDUNG

Das kapitel beginnt mit dem erlernen der namen der
verschiedenen kleidungsstücke.

Danach gibt es einige Übungen, die Sie selbst ausfüllen können
zum
ÜBEN und LERNEN.

Nach diesem kapitel können Sie:

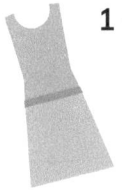

1 - Wie die verschiedenen kleidungsstücke heißen

2 - So heißen die wichtigsten accessoires

KAPITEL 5: KLEIDUNG- ROPA

1. Kleidung	1. Ropa	1._____
2. Hose	2. Pantalones	2._____
3. Pullover	3. Suéter	3._____
4. Kleid	4. Vestido	4._____
5. Rock	5. Falda	5._____
6. Schuhe	6. Zapatos	6._____
7. Hausschuhe	7. Zapatillas	7._____
8. Stiefel	8. Botas	8._____
9. Bluse	9. Blusa	9._____
10. Jacke	10. Chaqueta	10._____
11. Hemd	11. Camisa	11._____
12. Socken	12. Medias	12._____
13. Höschen	13. Bragas	13._____
14. Unterhose	14. Calzoncillos	14. _____
15. Unterhemd	15. Camiseta	15._____
16. BH	16. Sostén	16._____
17. Bademantel	17. Bata de baño	17._____
18. Shorts	18. Bermudas	18._____
19. Badehose	19. Shorts de baño	19._____
20. Unterwäsche	20. Ropa interior	20._____
21. Binden	21. Atar	21._____
22. Gürtel	22. Cinturón	22._____
23. Mütze/Mütze	23. Sombrero	23._____
24. Schal	24. Bufanda	24._____
25. Handschuhe	25. Guantes	25._____
26. Gläser	26. Anteojos	26._____
27. Nachthemd	27. Bata de noche	27._____
28. Pyjama	28. Pijama	28._____
29. Anzug	29. Traje	29._____
30. Hochzeitskleid	30. Vestido de novia	30._____

KAPITEL 5: KLEIDUNG - ROPA

1. Die Ohrringe	1. Los aretes
2. Armband	2. Pulsera
3. Halskette	3. Collar
4. Kreuzen	4. Cruz
5. Ring	5. Anillo

- Was wirst du heute anziehen? — 1. ¿Qué te vas a poner hoy?
- Ich werde ein Kleid anziehen — 2. Me voy a poner un vestido
- Ich werde einen Anzug anziehen — 3. Me voy a poner un traje
- Zeit für die Pyjamas. — 4. Hora del pijama.
- Nächste Woche ist es Zeit für Winterkleidung. — 5. La semana que viene toca la ropa de invierno.
- Ich muss ein Hemd kaufen. — 6. Necesito comprar una suéter.
- Wo sind meine roten Hosen? — 7. ¿Dónde están mis pantalones rojos?
- Zieh dich an! — 8. ¡Ponte tu ropa!
- Ich ziehe Kleidung an. — 9. Me estoy vistiendo.
- Zieh dich aus! — 10. ¡Quítate la ropa!
- Probieren Sie die Kleidung an! — 11. ¡Pruébate la ropa!
- Wo verkaufen sie Kleidung? — 12. ¿Dónde venden ropa?
- Ich werde neue Kleidung kaufen? — 13. ¿Voy a comprar ropa nueva?
- Ich möchte mir ein Kreuz kaufen. — 14. Quiero comprar una cruz.
- Wie viele Hosen hast du? — 15. ¿Cuantos pantalones tienes?
- Ich habe sechs. — 16. Tengo seis.
- Hast du einen weißen Rock? — 17. ¿Tienes una falda blanca?
- Ja, ich habe eins. — 18. Si tengo una.
- Hast du ein schwarzes Höschen? — 19. ¿Tienes bragas negras?
- Ich habe acht schwarze Höschen. — 20. Tengo ocho bragas negras.
- Das rote Kleid ist schön. — 21. El vestido rojo es bonito.
- Du passt in Rot. — 22. Encajas en rojo.
- Vielen Dank! — 23. ¡Muchas gracias!
- Gern geschehen — 24. De nada.

KAPITEL 5: KLEIDUNG- ROPA

1. Die Ohrringe   1._____
2. Armband   2._____
3. Halskette   3._____
4. Kreuzen   4._____
5. Ring   5._____

1.- Was wirst du heute anziehen? _____
2.- Ich werde ein Kleid anziehen _____
3.- Ich werde einen Anzug anziehen _____
4.- Zeit für die Pyjamas. _____
5.- Nächste Woche ist es Zeit für _____
   Winterkleidung. _____
6.- Ich muss ein Hemd kaufen. _____
7.- Wo sind meine roten Hosen? _____
8.- Zieh dich an! _____
9.- Ich ziehe Kleidung an. _____
10.- Zieh dich aus! _____
11.- Probieren Sie die Kleidung an! _____
12.- Wo verkaufen sie Kleidung? _____
13.- Ich werde neue Kleidung _____
kaufen?
14.- Ich möchte mir ein Kreuz _____
kaufen.
15- Wie viele Hosen hast du? _____
16- Ich habe sechs. _____
17- Hast du einen weißen Rock? _____
18- Ja, ich habe eins. _____
19- Hast du ein schwarzes Höschen? _____
20- Ich habe acht schwarze Höschen. _____
21- Das rote Kleid ist schön. _____
22- Du passt in Rot. _____
23- Vielen Dank! _____
24- Gern geschehen

KAPITEL 5: KLEIDUNG - ROPA

Ordnen Sie dem Bild das richtige wort zu!

Sombrero

Anteojos ´

Bufanda

Vestido

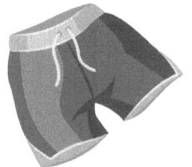

Falda

Zapatos

Pantalones

Suéter

Medias

Camisa

Shorts de baño

Botas

KAPITEL 6: HAUS - LA CASA

SEITE; 46 - 56

Auf den folgenden seiten geht es darum
HAUS & HAUSHALT.

Das kapitel beginnt mit dem erlernen der verschiedenen teile
eines hauses und beispielen.

Danach gibt es Übungen, die Sie selbst ausfüllen können
zum ÜBEN und LERNEN.

Abschließend endet das kapitel mit einer Übung, in der es
darum geht, in briefen verschiedene möbel und
haushaltsgegenstände zu finden.

Nach diesem kapitel können Sie:

1 – Wie die verschiedenen teile eines hauses heißen

2 - Beispiele verschiedener haushaltsgegenstände

 3 – Wie verschiedene möbelstücke heißen

KAPITEL 6: HAUS - LA CASA

1. Bett	1. Cama	1. _____
2. Die Laken	2. Hojas	2. _____
3. Eine Steppdecke	3. Una manta	3. _____
4. Kissen	4. Almohada	4. _____
5. Decke	5. Frazada	5. _____
6. Matratze	6. Colchón	6. _____
7. Stuhl/Sessel	7. Silla/ Sillón	7. _____
8. Sofa	8. Sofá	8. _____
9. Tisch	9. Mesa	9. _____
10. Handtuch	10. Toalla	10. _____
11. Platte	11. Plato	11. _____
12. Gabel	12. Tenedor	12. _____
13. Löffel	13. Cuchara	13. _____
14. Messer	14. Cuchillo	14. _____
15. Eintopf	15. Guiso	15. _____
16. Bratpfanne	16. Sartén	16. _____
17. Tasse	17. Copa	17. _____
18. Glas	18. Vaso	18. _____
19. Wasserkrug	19. Jarra de agua	19. _____
20. Flasche	20. Botella	20. _____
21. Staubsauger	21. Aspiradora	21. _____
22. Serviette	22. Servilleta	22. _____
23. Geschirrtuch	23. Paño de cocina	23. _____
24. Spülmittel	24. Líquido lavavajillas	24. _____
25. Seife	25. Jabón	25. _____
26. Schlüssel	26. Llave	26. _____
27. Spiegel	27. Espejo	27. _____

KAPITEL 6: HAUS - LA CASA

1. Residenz	1. Residencia	1. _____
2. Zimmer	2. Habitación	2. _____
3. Küche	3. Cocina	3. _____
4. Toilette	4. Baño	4. _____
5. Schlafzimmer	5. Dormitorio	5. _____
6. Wohnzimmer	6. Sala de estar	6. _____
7. Wäscherei	7. Lavadero	7. _____
8. Saal	8. Sala	8. _____
9. Fenster	9. Ventana	9. _____
10. Vorhang	10. Cortina	10. _____
11. Boden	11. Piso	11. _____
12. Teppich	12. Alfombra	12. _____
13. Decke	13. Techo	13. _____
14. Lampe	14. Lámpara	14. _____
15. Treppe	15. Escalera	15. _____
16. Tür	16. Puerta	16. _____
17. Kabinett	17. Gabinete	17. _____
18. Kasten	18. Caja	18. _____
19. Waschbecken	19. Lavabo	19. _____
20. Badewanne	20. Bañera	20. _____
21. Balkon	21. Balcón	21. _____
22. Aufzug	22. Ascensor	22. _____
23. Keller	23. Sótano	23. _____
24. Kühlschrank	24. Refrigerador	24. _____
25. Gefrierschrank	25. Congelador	25. _____
26. Herd	26. Cocina/ Estufa	26. _____
27. Ofen	27. Horno	27. _____
28. Mikrowellenofen	28. Horno microondas	28. _____

KAPITEL 6: HAUS - LA CASA

SCHREIBEN SIE DIE NAMEN AUF SPANISCH!

_____(HAUS)   _____(DECKE)

_____ (TÜR)   _____ (FENSTER)

_____ (BETT)   _____ (KISSEN)

_____(MATRATZE)_____ (DECKE)

_____(TISCH)   _____(STUHL)

_____(PLATTE)   _____ (GLAS)

(LAMPE)

_____

(SCHRANK/BÜRO)

_____

(SESSEL))

_____

(SCHLÜSSEL)

_____

KAPITEL 6: HAUS - LA CASA

Ziehen Sie eine linie zwischen bild und text, die zusammenpassen!

Tenedor

Cuchillo

Copa

Plato

Vaso

Cuchara

KAPITEL 6: HAUS - LA CASA

Geben Sie auf spanisch ein, was das bild darstellt!

KAPITEL 6: HAUS - LA CASA

Finden Sie das wort auf spanisch!

L	E	A	R	T	N	M	Q	R	O	W
C	A	S	A	E	N	A	A	A	R	B
U	R	B	A	N	A	S	D	N	O	A
C	S	I	O	E	O	I	D	S	H	N
H	E	H	O	D	T	L	A	K	T	Y
A	K	U	R	O	S	L	H	I	M	O
R	S	A	N	R	E	A	R	N	E	N
A	P	L	A	T	O	V	D	O	S	C
E	S	P	E	J	O	E	K	W	A	E
F	O	R	F	A	R	R	M	O	B	R
A	S	C	U	C	H	I	L	L	O	T

Anweisungen:
Finden Sie die 10 entsprechenden Wörter für:
HAUS, TISCH, MESSER, GABEL, STUHL, LÖFFEL, TELLER,
SCHLÜSSEL, BADEZIMMER, SPIEGEL
Viel Glück!

KAPITEL 1-6: DAS HABE ICH GELERNT...

1. _____

2. _____

3. _____

4. _____

5. _____

6. _____

7. _____

8. _____

9. _____

10. _____

11. _____

12. _____

MEHR:

Kap 1 _____

Kap 2 _____

Kap 3 _____

Kap 4 _____

Kap 5 _____

Kap 6 _____

KAPITEL - 7 -
ESSEN & TRINKEN - COMIDA & BEBIDA

SEITE: 54- 61

Auf den folgenden seiten wird gehandelt
wenn
ESSEN und TRINKEN.

Das kapitel beginnt mit dem lernen
wenn was unterschiedliche
LEBENSMITTEL und GETRÄNKE heißen beispiel
mit Bild und Text.

Danach gibt es Übungen, die Sie selbst ausfüllen können
zum
ÜBEN und LERNEN!

<u>Nach diesem kapitel können Sie:</u>

1 - Wie heißen speisen und getränke

2 - Die namen gängiger gerichte

3 – Essen in einem restaurant bestellen

ESSEN & TRINKEN - COMIDA & BEBIDA

1. Essen	1. Comida	1. _____
2. Trinken	2. Beblda	2. _____
3. Wasser	3. Agua	3. _____
4. Eis	4. Hielo	4. _____
5. Brot	5. Pan	5. _____
6. Kaffee	6. Café	6. _____
7. Tee	7. Té	7. _____
8. Bier	8. Cerveza	8. _____
9. Wein	9. Vino	9. _____
10. Milch	10. Leche	10. _____
11. Reis	11. Arroz	11. _____
12. Kartoffel	12. Patatas	12. _____
13. Fleisch	13. Carne	13. _____
14. Fisch	14. Pez	14. _____
15. Huhn	15. Pollo	15. _____
16. Kuchen/Kuchen	16. Pastel	16. _____
17. Ei	17. Huevos	17. _____
18. Oliver	18. Acetunas	18. _____
19. Öl	19. Aceite	19. _____
20. Käse	20. Queso	20. _____
21. Margarine	21. Margarina	21. _____
22. Butter	22. Manteca	22. _____
23. Salz	23. Sal	23. _____
24. Zucker	24. Azúcar	24. _____
25. Honig	25. Miel	25. _____
26. Hefe	26. Levadura	26. _____
27. Mehl	27. Harina	27. _____
28. Eiscreme	28. Helado	28. _____

ESSEN & TRINKEN - COMIDA & BEBIDA

1. Frühstück	1. Desayuno
2. Mittagessen	2. Almuerzo
3. Abendessen	3. Cena
4. Abendkaffee	4. Café de la tarde
5. Hungrig	5. Hambriento
6. Gemessen	6. Medido
7. Bist du hungrig?	7. ¿Tienes hambre?
8. NEIN	8. No
9. Bist du durstig?	9. ¿Tienes sed?
10. Ja, ein bisschen	10. Sí un poco
11. Kochen	11. Cocinar
12. Essen bestellen	12. Ordenar comida
13. Zum Braten	13. Freir
14. Zum Aufwärmen	14. Para calentar
15. Zum Kochen	15. Hervir
16. Skalierbar	16. Escalar
17. Restaurant/Café	17. Restaurante/ Cafeteria
18. Gibt es gutes Essen?	18. ¿Tienen buena comida?
19. Ja, sie haben gutes Essen.	19. Sí, tienen buena comida.
20. Was machst du?	20. ¿Qué estás haciendo?
21. Ich koche.	21. Estoy cocinando.
22. Backen	22. Hornear
23. Um wie viel Uhr isst du normalerweise?	23. ¿A qué hora sueles comer?
24. Um zwei Uhr.	24. A las dos en punto.

OBST UND GEMÜSE - FRUTAS Y VERDURAS

1. Obst	1. Fruta	1. _____
2. Apfel	2. Manzana	2. _____
3. Birne	3. Pera	3. _____
4. Pfirsich	4. Durazno	4. _____
5. Nektarine	5. Nectarina	5. _____
6. Banane	6. Banana/Platano	6. _____
7. Zitrone	7. Limón	7. _____
8. Orange	8. Naranja	8. _____
9. Wassermelone	9. Sandía	9. _____
10. Honigmelone	10. Melón dulce	10. _____
11. Erdbeeren	11. Fresas	11. _____
12. Kirsche	12. Cereza	12. _____
13. Blaubeere	13. Arándano	13. _____
14. Trauben	14. Uvas	14. _____
15. Pflaume	15. Ciruela	15. _____
16. Granatapfel	16. Granada	16. _____
17. Ananas	17. Piña	17. _____

OBST UND GEMÜSE - FRUTAS Y VERDURAS

1. Gemüse	1. Verduras	1. _____
2. Gurke	2. Pepino	2. _____
3. Tomate	3. Tomate	3. _____
4. Pfeffer	4. Pimienta	4. _____
5. Petersilie	5. Perejil	5. _____
6. Spinat	6. Espinaca	6. _____
7. Zwiebel	7. Cebolla	7. _____
8. Knoblauch	8. Ajo	8. _____
9. Salat	9. Ensalada	9. _____
10. Karotte	10. Zanahoria	10. _____
11. Schwamm	11. Esponja	11. _____
12. Weiße Bohnen	12. Judías blancas	12. _____
13. Grüne Bohnen	13. Judías verdes	13. _____
14. Aubergine	14. Berenjena	14. _____
15. Zucchini	15. Calabacín	15. _____

OBST UND GEMÜSE - FRUTAS Y VERDURAS

Schreiben sie die namen der verschiedenen
obst- und gemüsesorten auf!

_____   _____   _____   _____

_____   _____   _____   _____

_____   _____   _____   _____

_____   _____   _____   _____

DIALOG: KAPITEL 7 - ESSEN

Dialog:	Diálogo
-Wo gibt es ein gutes Restaurant?	¿Dónde hay un buen restaurante?
-Da ist einer am strand!	¡Hay uno junto a la playa!
-Ich möchte eine reservierung für drei personen vornehmen,	-Quisiera hacer una reserva para tres.
- Bitte, ich möchte ein tisch für zwei personen,	-Por favor, quisiera una mesa para dos personas.
-Unter wessen namen?	-Bajo el nombre de quien?
-Darf ich bitte die speisekarte sehen?	-Puedo ver el menu por favor?
-Was empfehlen Sie?	¿Qué me recomienda?
-Einen moment bitte!	-Un momento por favor
- Ich bin bereit zu bestellen	-Estoy listo para ordenar
-Was möchtest du trinken?	-Que desea beber?
Vorspeise, Hauptgericht und Nachtisch.	-El primer plato, el segundo y el postre
-Kann ich bitte die rechnung haben?	-Me puede traer la cuenta, por favor
- Wir möchten separat bezahlen,	-Nos gusteria pagar por separada
- Leckeres Essen!	-Buen provecho!
- Danke, alles war gut!	-Gracias todo bien!

ÜBUNGEN KAPITEL 7: ESSEN

Dialog:

-Wo gibt es ein gutes Restaurant?

-Da ist einer am Strand!

-Ich möchte eine Reservierung für drei Personen vornehmen,

- Bitte, ich möchte ein Tisch für zwei Personen,

-Unter wessen Namen?

-Darf ich bitte die Speisekarte sehen?

-Was empfehlen Sie?

-Einen Moment bitte!

- Ich bin bereit zu bestellen

-Was möchtest du trinken? Vorspeise, Hauptgericht und Nachtisch.

-Kann ich bitte die Rechnung haben?

- Wir möchten separat bezahlen,

- Leckeres Essen!

- Danke, alles war gut

Diálogo

¿_____ hay un _____ restaurante?

¡Hay _____ junto a la _____!

-Quisiera _____ una reserva _____ tres.

-_____ favor, _____una _____ para dos _____

-Bajo el _____ de _____?

-_____ ver el_____ por _____?

¿_____ me_____?

-Un _____ por _____

-Estoy _____para _____

-_____ desea _____?

-El _____plato, el _____ ___ el _____

-Me _____ traer la _____, por favor

-Nos ____ _____ por _____

-Buen _____!

-_____ todo _____!

SEITE: 62 - 68

Auf den folgenden seiten geht es darum
TIERE und NATUR.

Das kapitel beginnt mit dem erlernen der bezeichnung
verschiedener tiere und mit beispielen für
WÖRTER und KONZEPTE
aus der Natur.

Danach gibt es Übungen, die Sie selbst ausfüllen können
zum
ÜBEN und LERNEN.

Nach diesem Kapitel können Sie:

1 - Wie verschiedene Tiere heißen

2 - Unterschiedliche Konzepte für
Natur und Wetter

KAPITEL 8: TIERE - ANIMALES

1. Tiere/die Tiere	1. Animal/ animales
2. Ente/Enten	2. Pato/patos
3. Affe/Affen	3. Mono/monos
4. Biene/Biene	4. Abeja/abeja
5. Bär/Bären	5. Oso/osos
6. Elefant	6. Elefante
7. Fisch/Fische	7. Pez/peces
8. Schmetterling	8. Mariposa
9. Fliege/fliegt	9. Mosca/moscas
10. Vogel/Vögel	10. Pájaro/pájaros
11. Schwein/Schweine	11. Cerdo/cerdos
12. Frosch/Frösche	12. Rana/ranas
13. Hund/Hunde	13. Perro/perros
14. Pferd/Pferde	14. Caballo/caballos
15. Kamel/Kamele	15. Camello/camellos
16. Kaninchen/Kaninchen	16. Conejo/conejos
17. Katze/Katzen	17. Gato/gatos
18. Kuh/Kühe	18. Vaca/vacas
19. Krokodil	19. Cocodrilo
20. Huhn/Hühner	20. Pollo/pollos
21. Lamm/Lamm (mehrere)	21. Cordero/cordero (varios)
22. Löwe/Löwen (mehrere)	22. León/leones (varios)
23. Mücken/Mücken	23. Mosquito/mosquitos
24. Ameise/Ameisen	24. Hormiga/hormigas
25. Schlange/Schlangen	25. Serpiente/serpientes
26. Ratte/Ratten	26. Rata/ratas
27. Fuchs	27. Zorro
28. Spinne	28. Araña
29. Eule	29. Búho
30. Esel/Esel	30. Burro/burros

KAPITEL 8: TIERE - ANIMALES

Welches tier klingt so: (Schreiben Sie den namen auf spanisch)	Nennen Sie ein tier, das: (Schreiben Sie den namen auf spanisch)
1- Muu _____	a, Fliegen _____
2 - Bää _____	b, Schwimmen _____
3 - Iiih _____	c, Machen Sie Honig _____
4 - Nuff nuff _____	d, Beiß dich _____
5- Kwack kwack _____	e, Vergifte dich _____
6- Zzz zzz _____	f, Machen Sie Milch _____
7. Voff voff _____	g, Singen _____

Ziehen Sie eine linie zwischen bild und text, die zusammenpassen!

CERDO

GATO

MOSCAS

RANA

PÁJARO

VACA

MARIPOSA

PEZ

COCODRILO

SERPIENTE

KAPITEL 8: NATUR - NATURALEZA

1. Blume/Blumen	1. Flor/flores	1. _____
2. Baum	2. Árbol	2. _____
3. Gras	3. Césped	3. _____
4. Gebirge	4. Montaña	4. _____
5. Meer/See	5. Mar/lago	5. _____
6. Strand	6. Playa	6. _____
7. Stein/Steine	7. Piedra/piedras	7. _____
8. Stern/Sterne	8. Estrella/estrellas	8. _____
9. Himmel	9. Cielo	9. _____
10. Mond	10. Luna	10. _____
11. Wolke	11. Nube	11. _____
12. Die Welt	12. El mundo	12. _____
13. Stadt	13. Ciudad	13. _____
14. Land	14. País	14. _____
15. Weg	15. Forma	15. _____
16. Straße	16. Calle	16. _____
17. Boden	17. Suelo	17. _____
18. Wald	18. Bosque	18. _____
19. Aus	19. Afuera	19. _____
20. Innen	20. En	20. _____
21. Heim	21. Casa/Hogar	21. _____
22. In der stadt	22. En la ciudad	22. _____
23. Unterwegs	23. En camino	23. _____
24. Auf dem gras	24. Sobre la hierba	24. _____
25. Auf dem baum	25. En el árbol	25. _____
26. Am himmel	26. En el cielo	26. _____
27. Auf dem boden	27. En el piso	27. _____
28. Am strand	28. En la playa	28. _____

KAPITEL 8: NATUR- NATURALEZA

1. Das Wetter	1. El clima	1. _____
2. Solar	2. Sol/solar	2. _____
3. Regen	3. Lluvia	3. _____
4. Wind	4. Viento	4. _____
5. Schnee	5. Nieve	5. _____
6. Winter	6. Invierno	6. _____
7. Im Winter	7. En el invierno	7. _____
8. Sommer	8. Verano	8. _____
9. Im Sommer	9. En el verano	9. _____
10. Unser	10. Primavera	10. _____
11. Im Frühling	11. En la primavera	11. _____
12. Herbst	12. Otoño	12. _____
13. Regenbogen	13. Arcoíris	13. _____
14. Es schneit	14. Está nevando	14. _____
15. Es regnet	15. Llueve	15. _____
16. Es ist sonnig	16. Hace sol	16. _____
17. Regenschirm	17. Paraguas	17. _____
18. Eis	18. Hielo	18. _____
19. Cool	19. Frio	19. _____
20. Heiß	20. Caliente	20. _____
21. Großartig/gut	21. Genial bien	21. _____
22. Es ist kalt	22. Hace frío	22. _____
23. Heute ist es heiß.	23. Hoy hace calor.	23. _____
24. Heute hat es geschneit!	24. ¡Hoy nevó!	24. _____
25. Wie ist das Wetter?	25. Como está el clima?	25. _____ _____
26. Es ist gutes Wetter!	26. Es buen clima!	26. _____

KAPITEL 8: NATUR- NATURALEZA

SCHREIBEN SIE DIE NAMEN AUF SPANISCH!

_____   _____

_____   _____

_____   _____

(EIN BAUM/MEHRERE BÄUME)

_____

((EINE BLUME/MEHRERE BLUMEN)

_____

(EIN STERN/MEHRERE STERNE)

_____

(EINE WOLKE/MEHRERE WOLKEN)

_____

SEITE: 69 - 75

Auf den folgenden Seiten wird es um verschiedenes gehen
DINGE

Das kapitel beginnt mit dem erlernen der namen der verschiedenen dinge.

Danach gibt es Übungen, die Sie selbst ausfüllen können zum
ÜBEN und LERNEN.

Abschließend endet das Kapitel mit einer box mit
TIPPS & TRICKS.

<u>Nach diesem kapitel können Sie:</u>

1 - Wie verschiedene Dinge heißen

2 – Verwenden Sie die verschiedenen konzepte in einem einfachen dialog

---

KAPITEL - 9: DINGE - COSAS

1. Spielzeug	1. Juguetes	1. _____
2. Spielplatz	2. Patio de juegos	2. _____
3. Ball	3. Pelota/Bola	3. _____
4. Puppe	4. Muelle	4. _____
5. Puppenwagen	5. Paseante	5. _____
6. Auto	6. Auto/coche	6. _____
7. Zyklus	7. Bicicleta	7. _____
8. Boot	8. Bote	8. _____
9. Bus	9. Autobús	9. _____
10. Zug	10. Tren	10. _____
11. Flugzeug	11. Aeronave	11. _____
12. Hubschrauber	12. Helicóptero	12. _____
13. Motorrad	13. Moto	13. _____
14. Krankenwagen	14. Ambulancia	14. _____
15. Zahnbürste	15. Cepillo de dientes	15. _____
16. Kamm	16. Peine	16. _____
17. Schere	17. Cortar	17. _____
18. Planke	18. Cuadro	18. _____
19. Licht	19. Luz	19. _____
20. Streichholz	20. Fósforo	20. _____
21. Deck	21. Cubierta	21. _____
22. Schach	22. Ajedrez	22. _____
23. Die Folie	23. Deslizar	23. _____
24. Gitarre	24. Guitarra	24. _____
25. Film	25. Película	25. _____
26. Musik	26. Música	26. _____
27. Telefon	27. Teléfono	27. _____
28. Fernseher	28. Televisor	28. _____

KAPITEL - 9: DINGE - COSAS

Ergänzen Sie die fehlenden buchstaben, um es richtig zu machen!

B_t_

_i_i_l_t_

P_l_t_
B _ L _

P_s_a_t_

A_t_
C _ c _ e

M_e_l_

A_r_n_v_

C_r_a_

P_i_e

T_l_f_n_

G_i_a_r_

T_e_

KAPITEL - 9: DINGE - COSAS

1. Hammer	1. Martillo	1. _____
2. Nagel	2. Clavo	2. _____
3. Aufhänger	3. Percha	3. _____
4. Schraubendreher	4. Destornillador	4. _____
5. Holz	5. Madera	5. _____
6. Eisen	6. Hierro	6. _____
7. Nadel	7. Aguja	7. _____
8. Draht	8. Cable	8. _____
9. Stoff	9. Tela	9. _____
10. Nähmaschine	10. Máquina de coser	10. _____
11. Eisen	11. Hierro	11. _____
12. Geld	12. Dinero	12. _____
13. Geldbörse	13. Billetera	13. _____
14. Ticket	14. Boleto	14. _____
15. Buch	15. Libro	15. _____
16. Broschüre	16. Folleto	16. _____
17. Papier	17. Papel	17. _____
18. Stift	18. Bolígrafo/Lapiz	18. _____
19. Radiergummi	19. Borrador	19. _____
20. Herrscher	20. Gobernante	20. _____
21. Computer	21. Computadora	21. _____
22. Hausaufgaben	22. Tarea	22. _____
23. Tasche/Tasche	23. Bolsa	23. _____
24. Gläser	24. Anteojos	24. _____
25. Ring	25. Anillo	25. _____
26. Kreuzen	26. Cruz	26. _____
27. Uhr	27. Reloj	27. _____
28. Kamera	28. Cámara	28. _____

KAPITEL - 9: DINGE - COSAS

Geben Sie den namen ein, den das bild auf spanisch darstellt!

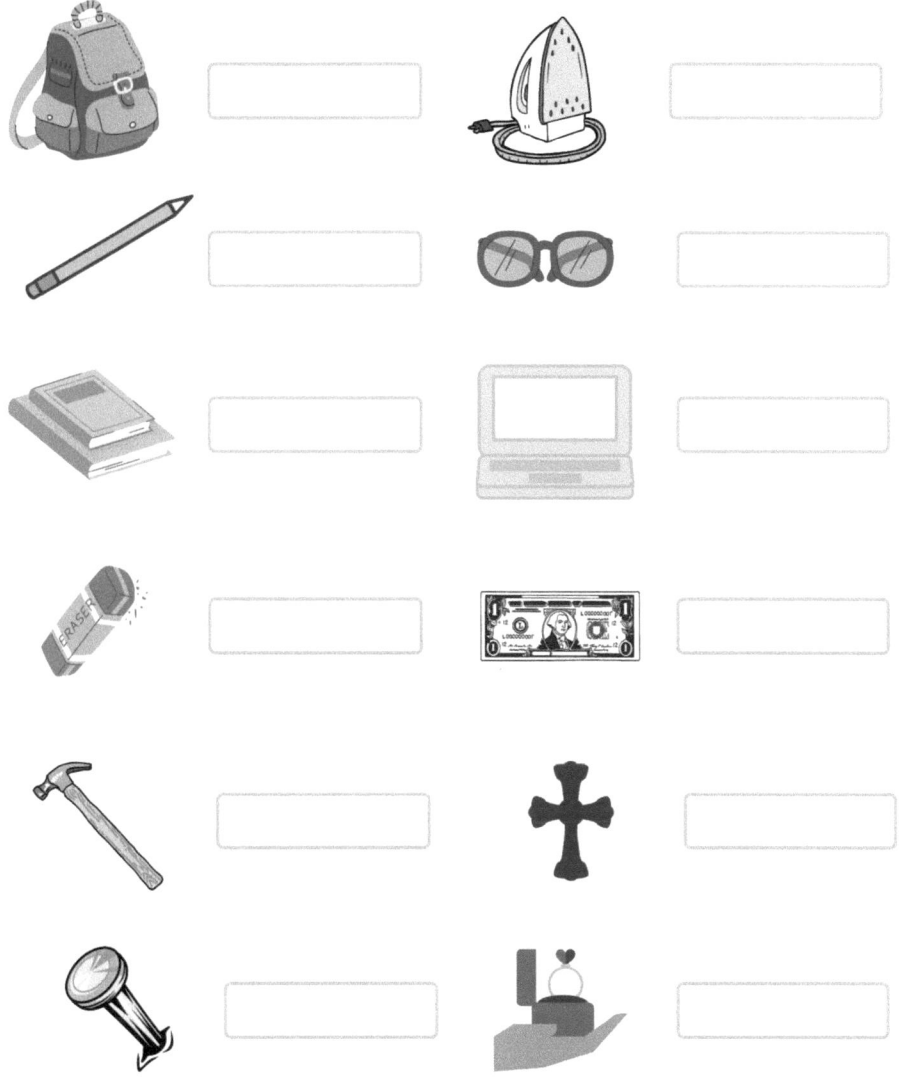

KAPITEL - 9: DINGE - COSAS

Geben Sie den namen ein, den das bild auf spanisch darstellt!!

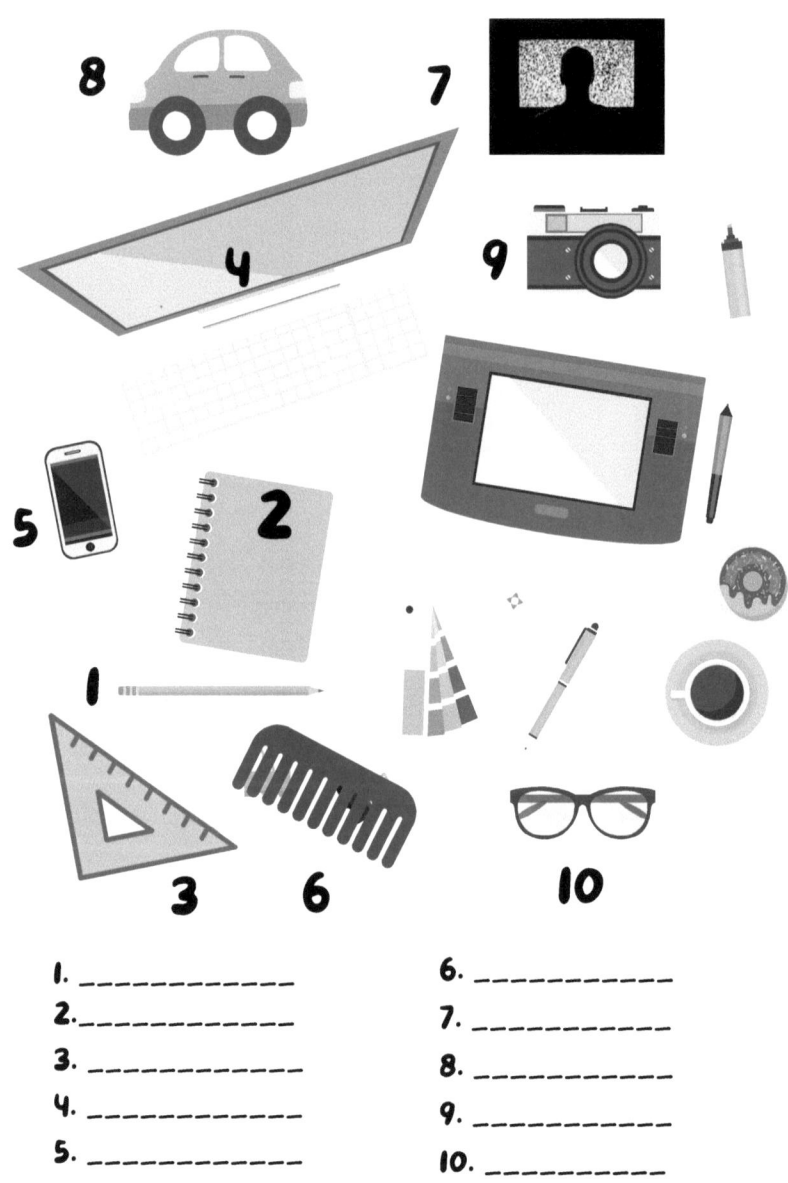

1. _ _ _ _ _ _ _ _ _ _ _

2. _ _ _ _ _ _ _ _ _ _ _

3. _ _ _ _ _ _ _ _ _ _ _

4. _ _ _ _ _ _ _ _ _ _ _

5. _ _ _ _ _ _ _ _ _ _ _

6. _ _ _ _ _ _ _ _ _ _

7. _ _ _ _ _ _ _ _ _ _

8. _ _ _ _ _ _ _ _ _ _

9. _ _ _ _ _ _ _ _ _ _

10. _ _ _ _ _ _ _ _ _ _

KAPITEL - 9: DINGE - COSAS

1. Führerschein
2. Besitzen Sie einen Führerschein?
3. Ja, ich habe einen Führerschein
4. Kannst du fahren?
5. Ja, ich kann Auto fahren.
6. Womit schreibst du?
7. Mit dem Stift
8. Wo kann man lesen?
9. Im Buch.
10. Hast du Hausaufgaben?
11. Nein, ich habe keine bekommen.
12. Magst du die Schule?
13. Ja, ich mag die Schule.

1. Licencia de conducir
2. ¿Tienes permiso de conducir?
3. Sí, tengo licencia de conducir.
4. Puedes conducir
5. Sí, puedo conducir un coche.
6. ¿Con qué escribes?
7. Con un lapiz
8. ¿Dónde puedes leer?
9. En el libro.
10. ¿Tienes tarea?
11. No, no recibí ninguno.

12. ¿Te gusta la escuela?
13. Sí, me gusta la escuela

<u>Tipps & Tricks zum Erlernen der verschiedenen Wörter!</u>

1. Beginnen Sie damit, die wörter zu lernen, indem Sie sie sich selbst oder jemand anderem zehnmal laut vorlesen!
2. Denken Sie in bildern und zeigen Sie auf das, was Sie sagen, „Das ist ein Bleistift" = „Esto es una lapiz"
3. Schreiben Sie das wort dreimal auf und Sie werden es wissen.

Viel Glück! Buena Suerte!

KAPITEL - 10: FEIERTAGE - FIESTAS

SEITE: 76-80

Auf den folgenden Seiten geht es darum
FESTE, FEIERTAGE und ANDERE WICHTIGE TRADITIONEN.

Das Kapitel beginnt mit dem Erlernen der Bezeichnung der verschiedenen Ereignisse und verschiedenen Beispielen.

Danach gibt es Übungen, die Sie selbst ausfüllen können zum
ÜBEN und LERNEN.

Nach diesem kapitel können Sie:

1 - Wie die verschiedenen feiertage heißen

2 - Wichtige sätze, wie und wann diese verwendet wird

KAPITEL - 10: FEIERTAGE - FIESTAS

1. Party	1. Fiesta
2. Hochzeit	2. Boda
3. Engagement	3. Compromiso
4. Verlobung	4. Esponsales
5. Einladung	5. Invitación
6. Beerdigung/en	6. Entierro/s
7. Gedenkzeit	7. Tiempo con memorativo
8. Geburt	8. Nacimiento
9. Geboren werden	9. Nacer
10. Geburtstag	10. Cumpleaños
11. Alles Gute zum Geburtstag	11. Feliz cumpleaños
12. Taufe	12. Bautismo
13. Heiraten	13. Casar
14. Verloben Sie sich	14. Comprometerse
15. Feiern	15. Celebrar
16. Scheidung/Scheidung	16. Divorcio/divorcio
17. Weihnachten	17. Navidad
18. Ostern	18. Pascua
19. Neujahr	19. Año Nuevo
20. Frohe Weihnachten	20. Feliz Navidad
21. Frohes Neues Jahr	21. Feliz año nuevo
22. Herzlichen Glückwunsch zur Hochzeit	22. Felicitaciones por el matrimonio
23. Hallo	23. Hola
24. Tschüss	24. Adiós
25. Sterben	25. Morir
26. Tod	26. Muerte

KAPITEL - 10: FEIERTAGE - FIESTAS

1. Willkommen!	1. ¡Bienvenido!
2. Danke!	2. ¡Gracias!
3. Viel Glück!	3. ¡Buena suerte!
4. Fahren Sie vorsichtig	4. Conduce con cuidado
5. Lebewohl	5. Adiós
6. Bis später	6. Hasta pronto
7. Alles Gute zum Geburtstag	7. Feliz cumpleaños
8. Möge Gott beschützen	8. Que Dios proteja
9. Möge Gott Ihnen helfen	9. Que Dios te ayude
10. Versprechen?	10. ¿Promesa?
11. Ich verspreche es	11. Lo prometo
12. Wann ist die Hochzeit?	12. ¿Cuándo es la boda?
13. Herzlichen Glückwunsch	13. Felicitaciones
14. Ich hoffe, es ist gut gelaufen	14. Espero que haya ido bien
15. Gott	15. Dios
16. Jesus	16. Jesús
17. Die Bibel	17. La biblia
18. Kreuzen	18. Cruz
19. Kirche	19. Iglesia
20. Gebet	20. Oración
21. Partyort	21. Lugar de fiesta
22. Weihnachtsgeschenk	22. Regalo de Navidad
23. Weihnachtsbaum	23. Àrbol de Navidad
24. Feuerwerk	24. Fuegos artificiales
25. Einladung	25. Invitación
26. Vielen Dank!	26. Muchas Gracias
27. Herzlichen Glückwunsch im Voraus	27. Felicitaciones de antemano

KAPITEL - 10: FEIERTAGE - FIESTAS

1. Party	1. _____
2. Hochzeit	2. _____
3. Engagement	3. _____
4. Verlobung	4. _____
5. Lebewohl	5. _____
6. Beerdigung	6. _____
7. Gedenkzeit	7. _____
8. Geburtstag	8. _____
9. Alles Gute zum Geburtstag	9. _____
10. Taufe	10. _____
11. Heiraten	11. _____
12. Herzlichen Glückwunsch	12. _____
13. Verloben Sie sich	13. _____
14. Abweichen	14. _____
15. Weihnachten und Ostern	15. _____
16. Frohe Weihnachten	16. _____
17. Frohe Ostern	17. _____
18. Weihnachtsbaum	18. _____
19. Neujahr	19. _____
20. Frohcs Neues Jahr	20. _____
21. Willkommen	21. _____
22. Danke	22. _____
23. Viel Glück	23. _____
24. Versprechen?	24. _____
25. Ich verspreche es	25. _____
26. Gott	26. _____
27. Jesus	27. _____
28. Die Bibel	28. _____
29. Kirche	29. _____

KAPITEL - 10: FEIERTAGE - FIESTAS

Dialog 1:

Hallo, wie geht es dir?

Danke, mir geht es gut und dir?

Sehr gut!

Es ist lange her...

Wann kommt die Einladung??

In einem Monat

Wann heiratest du?

In einem Jahr

Wie wirst du feiern?

Es wird eine Party geben.

Willkommen!

Herzlichen Glückwunsch im Voraus

Dialogo 1:

1. _____ como _____

2. Estoy _____ gracias ____ tú?

3. _____ bien

4. Fue hace _____ _____

5. _____ _____ la _____

6. En _____ _____

7. _____te _____ a _____?

8. _____ un _____

9. Cómo_____?

10. Habrá _____ _____

11. _____

12. _____ ___ _____

Dialog 2:

Alles Gute zum Geburtstag

Vielen Dank!

Wie alt bist du?

Dreiundfünfzig Jahre

Du bist jung

Dialogo 2:

1. _____ _____

2. _____ _____

3. _____ _____ _____

4. _____ ___ _____ _____

5. Eres _____

Dialog 3:

Bald ist Weihnachten

Ja, die Zeit vergeht wie im Flug

Frohe Weihnachten

Frohes Neues Jahr

Dialogo 3:

1. _____es _____

2. ____ ____ _____ vuela

3. _____ _____

4. _____ _____ _____

SEITE: 81 - 87

Auf den folgenden seiten geht es darum
FAMILIE, ROLLEN und BEZIEHUNGEN.

Das Kapitel beginnt damit, dass wir lernen, was anders ist
ROLLEN werden aufgerufen
sowie diverse beispiele.

Danach gibt es Übungen, die Sie selbst ausfüllen können
Zu
ÜBEN und LERNEN
In.

Nach diesem kapitel können Sie:

1 - Wie die verschiedenen
BEZIEHUNGEN UND ROLLEN heißen.

2 - Beispiele für die verwendung dieser wörter

KAPITEL - 11 -
FAMILIE & BEZIEHUNGEN - RELACIONES & FAMILIARES

1. Ich	1. Yo
2. Du	2. Tú
3. Alle	3. Todos
4. Sie/ihr	4. Ella/ella
5. Er/sein	5. Él/ es
6. Sie/ihre	6. Ellos/sus
7. Wir	7. Nosotros
8. Du	8. Vosotros
9. Mein	9. Mi
10. Dein	10. Su
11. Mutter/meine Mutter	11. Madre/mi madre
12. Die Mutter/Mutter	12. La madre/madre
13. Papa/mein Vater	13. Papá/mi papá
14. Der Vater	14. El padre
15. Schwester	15. Hermana
16. Bruder	16. Hermano
17. Großmutter	17. Abuela
18. Großvater	18. Abuelo
19. Tante	19. Tía
20. Onkel	20. Tío
21. Ehefrau des Onkels	21. La mujer del tío
22. Freund/Freunde	22. Amigo/Amigos
23. Nachbar	23. Vecino
24. Witwe	24. Viuda
25. Feind	25. Enemigo
26. Gegner	26. Oponentes

1. Ich
2. Du
3. Alle
4. Sie/ihr
5. Er/sein
6. Sie/ihre
7. Wir
8. Du
9. Mein
10. Dein
11. Mutter/meine Mutter
12. Die Mutter/Mutter
13. Papa/mein Vater
14. Der Vater
15. Schwester
16. Bruder
17. Großmutter
18. Großvater
19. Tante
20. Onkel
21. Ehefrau des Onkels
22. Freund/Freunde
23. Nachbar
24. Witwe
25. Feind
26. Gegner

1. _____
2. _____
3. _____
4. _____
5. _____
6. _____
7. _____
8. _____
9. _____
10. _____
11. _____
12. _____
13. _____
14. _____
15. _____
16. _____
17. _____
18. _____
19. _____
20. _____
21. _____
22. _____
23. _____
24. _____
25. _____
26. _____

KAPITEL - 11 -
FAMILIE & BEZIEHUNGEN - RELACIONES & FAMILIARES

1. Tochter	1. Hija
2. Sohn	2. Hijo
3. Junge	3. Chico/ Niño
4. Mädchen	4. Chica/ Niña
5. Mann	5. Hombre/Esposo
6. Frau	6. Mujer/ Esposa
7. Ehegatte/Ehemann	7. Cónyuge/marido
8. Eltern	8. Padres
9. Erwachsene	9. Adulto
10. Mutter	10. Mamá
11. Papa	11. Papá
12. Familie	12. Familia
13. Cousin	13. Primo/Prima
14. Kinder	14. Niños
15. Enkel	15. Nieto
16. Zwillinge	16. Gemelas/Mellizos
17. Freund/Freundin	17. Amigo/ Amiga/Amigos
18. Neffe/Nichte	18. Sobrino/ Sobrina
19. Braut	19. Novia
20. Bräutigam	20. Novio
21. Schwiegersohn	21. Yerno
21. Schwiegertochter	22. Nuera
22. Schwiegermutter	23. Suegra
23. Schwiegervater	24. Suegro
24. Schwägerin	25. Cuñada
25. Schwager	25. Cuñado
26. Pate/Patin	26. Padrino/madrina

KAPITEL - 11 -
FAMILIE & BEZIEHUNGEN - RELACIONES & FAMILIARES

1. Mann
2. Frau
3. Eltern
4. Erwachsene
5. Schatz
6. Mein Liebling
7. Mein Leben
8. Mein Herz
9. Tochter/Sohn
10. Junge / Mädchen
11. Mutter/Vater
12. Familiär/freundlich
13. Cousin/Cousinen
14. Kinder / Enkel
15. Zwillinge
16. Freund/Freundin
17. Neffe/Nichte
18. Braut
19. Bräutigam
20. Schwiegersohn
21. Schwiegertochter
22. Schwiegermutter
23. Schwiegervater
24. Schwägerin
25. Schwager
26. Pate/Patin

1. _____
2. _____
3. _____
4. _____
5. _____
6. _____
7. _____
8. _____
9. _____
10. _____
11. _____
12. _____
13. _____
14. _____
15. _____
16. _____
17. _____
18. _____
19. _____
20. _____
21. _____
22. _____
23. _____
24. _____
25. _____
26. _____

KAPITEL - 11 -
FAMILIE & BEZIEHUNGEN - RELACIONES & FAMILIARES

1. Schüler/Student	1. Alumno	1. _____
2. Vermissen	2. Extrañar	2. _____
3. Lehrer	3. Máster/profesor	3. _____
4. Präsident	4. Principal	4. _____
5. Arzt	5. Doctor	5. _____
6. Zahnarzt	6. Dentista	6. _____
7. Optiker	7. Óptico	7. _____
8. Krankenschwester	8. Enfermero	8. _____
9. Ingenieur	9. Ingeniero	9. _____
10. Rechtsanwalt	10. Abogado	10. _____
11. Richter	11. Juez	11. _____
12. Arbeit	12. Trabajo	12. _____
13. Mitarbeiter	13. Empleado	13. _____
14. Eigentümer	14. Dueño	14. _____
15. Näherin	15. Costurera	15. _____
16. Sänger	16. Cantante	16. _____
17. Mönch	17. Monje	17. _____
18. Priester	18. Sacerdote	18. _____
19. Bischof	19. Obispo	19. _____
20. Papst	20. Papa	20. _____
21. Engel	21. Ángel	21. _____
22. König	22. Rey	22. _____
23. Königin	23. Reina	23. _____
24. Küchenchef	24. Cocinero	24. _____
25. Interpreter	25. Intérprete	25. _____
26. Arbeitslos	26. Desempleados	26. _____
27. Unternehmer	27. Emprendedor	27.

KAPITEL - 11 -
FAMILIE & BEZIEHUNGEN - RELACIONES & FAMILIARES

1. Schatz	1. Querida
2. Mein Liebling	2. Mi amor
3. Mein Leben	3. Mi vida
4. Mein Herz	4. Mi corazón
5. Liebe	5. Amor
6. Ich und du	6. Yo y tu
7. Wie heißt deine Mutter?	7. ¿Cuál es el nombre de su madre?
8. Ihr Name ist Mama.	8. El nombre de mi madre es mamá.
9. Wie heißt dein Vater?	9. Cuál es el nombre de tu padre
10. Der Name meines Vaters ist Papa.	10. El nombre de mi padre es papá
11. Wie heißt Ihr Mann?	11. ¿Cómo se llama tu marido?
12. Wie heißt Ihre Frau?	12. ¿Cuál es el nombre de su esposa?
13. Ich bin verheiratet	13. Estoy casado
14. Ich bin Witwe.	14. Soy una ventana
15. Ich bin geschieden	15. Estoy divorciado
16. Ich bin ledig	16. Estoy soltero

BEISPIELPRÄSENTATION:

HOLA, MI NOMBRE ES ANNE Y TENGO 53 AÑOS.

HALLO, MEIN NAME IST ANNE UND ICH BIN 53 JAHRE ALT.

TENGO DOS HIJOS, UN NIÑO Y UNA NIÑA.

ICH HABE ZWEI KINDER, EINEN JUNGEN UND EIN MÄDCHEN.

EL NIÑO TIENE 32 AÑOS Y LA HIJA 30 AÑOS.

DER JUNGE IST 32 JAHRE ALT UND DIE TOCHTER 30 JAHRE ALT.

AMBOS ESTÁN CASADOS Y TIENEN DOS HIJOS.

BEIDE SIND VERHEIRATET UND HABEN ZWEI KINDER.

KAPITEL - 12 -
WÖRTER & SÄTZE - PALABRAS & ORACIONES

SEITE: 88-97

Wenn
WICHTIGE WÖRTER und SÄTZE
das ist gut zu wissen.

Das kapitel beginnt mit dem erlernen der bezeichnungen und verschiedenen beispielen.

Danach gibt es Übungen, die Sie selbst ausfüllen können
zum
ÜBEN und LERNEN.

Nach diesem kapitel können Sie:

1 – Wichtige wörter und sätze, um einen einfachen dialog führen zu können

2 – Wichtige begrüßungssätze

3 - Gegensätzliche wörter

KAPITEL - 12 -
WÖRTER & SÄTZE - PALABRAS & ORACIONES

#	Deutsch	#	Español	#	
1.	Worte	1.	Palabras	1.	_____
2.	Guten Morgen	2.	Buenos días	2.	_____
3.	Gute Nacht	3.	Buenas noches	3.	_____
4.	Wir sehen uns	4.	Hasta la vista	4.	_____
5.	Bis morgen	5.	Hasta mañana	5.	_____
6.	Bis später	6.	Hasta luego	6.	_____
7.	Schlaf gut	7.	Sueño profundo	7.	_____
8.	Wie geht es dir?	8.	¿Cómo estás?	8.	_____
9.	Mir geht es gut	9.	Me siento bien	9.	_____
10.	Ich bin krank	10.	Estoy enfermo	10.	_____
11.	Krankheit	11.	Enfermedad	11.	_____
12.	Bist du gesund?	12.	¿Eres saludable?	12.	_____
13.	Husten	13.	Tos	13.	_____
14.	Kalt	14.	Frío	14.	_____
15.	Helfen	15.	Ayuda	15.	_____
16.	Auch	16.	Tambien	16.	_____
17.	Ich komme	17.	Ya voy	17.	_____
18.	Ich komme nicht	18.	No estoy llegando	18.	_____
19.	Ich kann/kann nicht	19.	Puedo/No puedo	19.	_____
20.	Ich weiß	20.	Sé	20.	_____
21.	Ich weiß nicht	21.	No se	21.	_____
22.	Fortfahren	22.	Seguir adelante	22.	_____
23.	Entschuldigung	23.	Lo siento	23.	_____
24.	Verzeihung	24.	Disculpe	24.	_____
25.	Einmal	25.	Una vez	25.	_____
26.	Ein Mal noch	26.	Una vez más	26.	_____
27.	Wichtig	27.	Importante	27.	_____
28.	Notwendig	28.	Necesario	28.	_____
29.	Viel Glück!	29.	Buena suerte	29.	_____

KAPITEL - 12 -
WÖRTER & SÄTZE - PALABRAS & ORACIONES

1. Ja	1. Sí	1. _____
2. Nein	2. No	2. _____
3. Und	3. Y	3. _____
4. Oder	4. O	4. _____
5. Zu	5. A	5. _____
6. Aus	6. De	6. _____
7. Okay	7. Bueno	7. _____
8. Mit	8. Con	8. _____
9. Ohne	9. Sin	9. _____
10. Als	10. Como	10. _____
11. Wie?	11. ¿Cómo?	11. _____
12. Warum?	12. ¿Por qué?	12. _____
13. Warum nicht?	13. ¿Por qué no?	13. _____
14. Daher	14. Porque	14. _____
15. Zum Beispiel	15. Por ejemplo	15. _____
16. Welche?	16. ¿Cual?	16. _____
17. Was?	17. ¿Qué?	17. _____
18. Wer?	18. ¿Quién?	18. _____
19. Wer ist das?	19. ¿Quién es?	19. _____
20. Das bin ich	20. Ese soy yo	20. _____
21. Wo?	21. ¿Dónde?	21. _____
22. Hier / Dort	22. Aquí / Allí	22. _____
23. Komm her	23. Ven aquí /Ve allí	23. _____
24. Wovon?	24. ¿De donde?	24. _____
25. Von hier	25. De aquí	25. _____
26. Von dort	26. Desde allí	26. _____
27. Beeil dich	27. Date prisa	27. _____
28. Hoffnung	28. Espera	28. _____
29. Das Gleiche	29. Lo mismo	29.

KAPITEL - 12 -
WÖRTER & SÄTZE - PALABRAS & ORACIONES

1. Hübsch	1. Lindo	1. _____
2. Hässlich	2. Feo	2. _____
3. Alt	3. Viejo	3. _____
4. Jung	4. Joven	4. _____
5. Klein	5. Pequeño	5. _____
6. Groß	6. Grande	6. _____
7. Ein wenig	7. Un poco	7. _____
8. Sehr	8. Muy	8. _____
9. Art	9. Amable	9. _____
10. Wütend	10. Enojado	10. _____
11. Schwer	11. Pesado	11. _____
12. Cool	12. Frio	12. _____
13. Heiß	13. Caliente	13. _____
14. Hinter	14. Detrás	14. _____
15. Vorne	15. Al frente	15. _____
16. Nächste	16. Al lado de	16. _____
17. Allein	17. Solo	17. _____
18. Das	18. Este	18. _____
19. Das	19. Eso	19. _____
20. Rechts	20. Derecha	20. _____
21. Links	21. Izquierda	21. _____
22. Zusammen	22. Juntos	22. _____
23. Wo ist es?	23. ¿Dónde está?	23. _____
24. Da ist es!	24. ¡Ahí está!	24. _____
25. Was gibt es?	25. ¿Lo que está ahí?	25. _____
26. Schon gut!	26. No hay nada	26. _____

KAPITEL - 12 -
WÖRTER & SÄTZE - PALABRAS & ORACIONES

ÜBERSETZEN SIE DIE FOLGENDEN SÄTZE INS SPANISCHE!

KLEIN	PEQUEÑO	DAS KLEID FÄLLT KLEIN AUS_____
GROSS	GRANDE	DIE JACKE IST GROSS _____
LANG	LARGO	DIE HOSE IST LANG _____
KURZ	CORTO	DER ROCK IST KURZ _____
NIEDRIG	BAJO	DER STUHL IST NIEDRIG _____
HOCH	ALTO	DER RAND IST HOCH _____
NAHE	CERCA	SIE WOHNT IN DER NÄHE VON _____
WEIT	LEJOS	ES IST WEIT WEG _____

FYLL I DE SAKNADE ORDEN PÅ SPANSKA...!

CARO – BARATO	TEUER – BILLIG	_____ – BARATO
CON – SIN	MIT – OHNE	CON – _____
CALIENTE – FRÍO	HEISS – KALT	_____ – FRÍO
FACIL – DIFICIL	EINFACH – SCHWIERIG	FACIL – _____
NUEVO – VIEJO	NEU – ALT	_____ – VIEJO
RICO – POBRE	REICH – ARM	RICO – _____
OSCURA – LUZ	HELL – DUNKEL	_____ – LUZ
FELIZ – ENOJADO	GLÜCKLICH – WÜTEND	FELIZ – _____
ABRIR CERRADO	OFFEN – GESCHLOSSEN	_____ CERRADO
LUZ – PESADA	SCHWER – LEICHT	LUZ – _____
JOVEN – VIEJO	JUNG – ALT	_____ – VIEJO
DELGADO – GORDO	SCHLANK – DICK	DELGADO – _____
LINDO – FEA	SCHÖN – HÄSSLICH	_____ – FEA
EN – DEBAJO	EIN – UNTER	EN – _____
POCO – MUCHO	EIN WENIG – VIEL	_____– MUCHO

KAPITEL - 12 -
WÖRTER & SÄTZE - PALABRAS & ORACIONES

Deutsch	Spanisch	Spanische Beispiele mit Er/Sie:
Gehen	Ir	El va a casa/ella camina a casa
Sein!	¡Siéntate!	El/ ella quiere sentarse
Laufen	¡Correr!	El/ ella quiere correr
Schlafen	¡Dormir!	El/ ella quiere dormir
Sprechen	Hablar	El/ ella habla español
Schreiben	Escribir	El/ ella esta escribiendo un libro
Lesen	Leer	El/ ella está leyendo un libro.
Baden!	¡Bañarse!	El/ ella se está bañando
Aufwachen!	¡Despertar!	El/ ella se despierta
Sagen	Decir	El/ ella dice
Tun!	¡Hacer! /-a	El/ ella lo hace
Essen	Comer	El/ ella come
Trinken	Beber	El/ ella bebe
Singen	Cantar	El/ella canta
Tanzen!	¡Bailar!	El/ ella baila
Zählen!	¡Contar!	El/ella cuenta
Anruf	Llamar	El/ella esta llamando
Weinen	Llorar	El/ ella esta llorando
Lachen	¡Reír!	El/ella l/ella se ríe
Kaufen	Comprar	El compra una camisa.
Verkaufen	Vender	Ella vende una falda.
Springen!	Saltar	El/ella salta con los niños
Spielen	Jugar	El/ella quiere jugar
Waschen!	¡Lavar!	El/ella se lava la ropa
Bürste!	¡Cepillar!	El/ella se cepilla los dientes
Arbeiten	Trabajar	El/ella trabajo/trabaja mañana

KAPITEL - 12 - ÜBUNGEN

Anleitung:
Geben Sie das wort ein, das bild und der text auf spanisch darstellen!

Schreiben

_____

Lesen

_____

Spielen

_____

Aufwachen

_____

Zähne putzen

_____

Lachen

_____

Schlafen

_____

Dusche/Bad

_____

Essen

_____

KAPITEL - 12 - ÜBUNGEN

Übersetzen:

Klein – Groß	1. _____	_____
Schön – Hässlich	2. _____	_____
Lang – Kurz	3. _____	_____
Dick – schlank	4. _____	_____
Schwer – Leicht	5. _____	_____
Schwierig – einfach	6. _____	_____
Hell – Dunkel	7. _____	_____
Jung – Alt	8. _____	_____
Glücklich – wütend	9. _____	_____
Offen – Geschlossen	10. _____	_____
Kalt – heiß	11. _____	_____
Billig – teuer	12. _____	_____
Mit – Ohne	13. _____	_____
Reich – Arm	14. _____	_____
Viel – Ein wenig	15. _____	_____

Übersetzen:	Weibliche Form:	Männliche Form:
laufen _____	_____	_____
schreiben _____	_____	_____
lesen _____	_____	_____
tanzen _____	_____	_____
singe _____	_____	_____
sprechen _____	_____	_____
baden _____	_____	_____
schlafen _____	_____	_____
lachen _____	_____	_____

KAPITEL - 7-12 - ÜBUNGEN

Übersetzen:

Hallo, mein Name ist _____   _____

und ist _____ Jahre alt   _____

Ich arbeite als_____   _____

Ich bin verheiratet und habe   _____

_____Kinder   _____

Ich habe _____ Schwester und   _____

 _____ Bruder/Brüder   _____

In meiner Freizeit mache ich   _____

_____ und _____   _____

Hoffe_____dass ____ _____   _____

-Ich möchte Essen kaufen   _____

-Ich habe hunger   _____

-Ich habe durst   _____

-Wetter sein wird!   _____

-Ja, das hoffe ich!   _____

-Viel Glück!   _____

-Bis später!   _____

-Bis morgen!   _____

-Guten Morgen   _____

-Gute Nacht   _____

-Schlaf gut   _____

-Schöne Reise   _____

-Tschüss

KAPITEL - 7-12 - DAS HABE ICH GELERNT...

1. _____ _____ _____ _____
2. _____ _____ _____ _____
3. _____ _____ _____ _____
4. _____ _____ _____ _____
5. _____ _____ _____ _____
6. _____ _____ _____ _____
7. _____ _____ _____ _____
8. _____ _____ _____ _____
9. _____ _____ _____ _____
10. _____ _____ _____ _____
11. _____ _____ _____ _____
12. _____ _____ _____ _____

Andere:

- _____ _____ _____ _____
- _____ _____ _____ _____
- _____ _____ _____ _____
- _____ _____ _____ _____
- _____ _____ _____ _____
- _____ _____ _____ _____
- _____ _____ _____ _____
- _____ _____ _____ _____
- _____ _____ _____ _____
- _____ _____ _____ _____
- _____ _____ _____ _____
- _____ _____ _____ _____

Danke...

Hiermit möchte ich mich bei ALLEN bedanken, die mir – auf die eine oder andere weise – geholfen haben, dass ich dieses buch veröffentlichen konnte.

In erster linie sind es meine familie und meine lieben.

Dann möchte ich mich bei Ihnen für die möglichkeiten bedanken, zu reisen und andere länder wie Spanien zu entdecken, das wirklich mein Lieblingsland Nummer 1 ist.
Ein land mit viel herzlichkeit, in dem ich mich zu hause fühle, vielleicht auch, weil mich niemand fragt, woher ich komme?
Im gegenteil, ich füge mich ein, da ich die gleichen farben wie die mehrheit habe und oft auf spanisch angesprochen werde!

Das hat mich motivierter gemacht, die sprache zu lernen, da ich mich dadurch noch „zu hause" fühle.

Abschließend möchte ich mich bei IHNEN als leser bedanken und Ihnen viel glück auf Ihrer sprachreise wünschen!

Nun möchte ich noch einmal ein DANKESCHÖN an diejenigen unter Ihnen aussprechen, die es bis zum ende geschafft haben und deshalb eines verdient haben

Gracias!

SCHLUSSWORTE...

Bienvenido al final!

Obwohl es das ende dieses buches ist,
Das heißt also nicht, dass es das ende Ihrer sprachreise sein
muss. Im Gegenteil, es beginnt jetzt, da Sie jetzt hoffentlich mehr
wissen als zu beginn.

Ich schließe daher mit einem zitat, das meiner meinung nach passt:

„Das leben ist wie ein buch, man kann die seiten nicht ändern
sind bereits geschrieben, aber Sie können ein neues kapitel
beginnen!"

Gute arbeit und viel glück!

Buena Suerte!

Finale...

Jetzt ist der spaß vorbei!
Es ist zeit, in die reale welt hinauszugehen
und Ihre fähigkeiten zu testen!

Buen viaje!